KB059347

현명한 월급쟁이 투자자를 위한
주식투자 시나리오

현명한 월급쟁이 투자자를 위한

주식투자 시나리오

JC 지음

비즈니스북스

현명한 월급쟁이 투자자를 위한
주식투자 시나리오

1판 1쇄 발행 2021년 8월 24일
1판 4쇄 발행 2021년 9월 9일

지은이 | JC
발행인 | 홍영태
편집인 | 김미란
발행처 | (주)비즈니스북스
등 록 | 제2000-000225호(2000년 2월 28일)
주 소 | 03991 서울시 마포구 월드컵북로6길 3 이노베이스빌딩 7층
전 화 | (02)338-9449
팩 스 | (02)338-6543
대표메일 | bb@businessbooks.co.kr
홈페이지 | http://www.businessbooks.co.kr
블로그 | http://blog.naver.com/biz_books
페이스북 | thebizbooks
ISBN 979-11-6254-231-6 03320

* 잘못된 책은 구입하신 서점에서 바꾸어 드립니다.
* 책값은 뒤표지에 있습니다.
* 비즈니스북스에 대한 더 많은 정보가 필요하신 분은 홈페이지를 방문해 주시기 바랍니다.

: 프롤로그 :

나는 오늘보다 내일 더 부자가 된다

"당신에게 경제적 자유란 무엇을 의미하나요?"

만약 누군가 제게 이런 질문을 한다면 저는 이렇게 대답할 것 같습니다. "제게 경제적 자유란, 삶의 가장 소중한 것이 무엇인지 깨닫고 가장 좋은 것을 선택할 수 있는 것을 의미합니다." 예를 들면 이런 것들이죠. 시간을 의미 없는 일에 쓰지 않을 자유, 불편한 사람보다 마음 맞는 사람들을 더 자주 만날 자유입니다. 그리고 배터리 충전하듯 의무적으로 잠들지 않을 자유, 출퇴근길 만원 버스에서 옆 사람과 부대끼지 않고 여유롭게 하루를 시작할 자유, 사내 식당에서 허기를 채우기 위해 영혼 없는 한 끼를 먹지 않을 자유, 사랑하는 사람과 더 많은 시간을 함께할 자유, 책과 영화와 음악을 여유롭게 즐길 자유…. 이것이 제가 생각하는 경제적 자유가 주는 선물입니다.

당신에게 경제적 자유란 어떤 모습인가?

경제적 자유란 돈에 구애받지 않고 원하는 만큼의 시간과 공간을 '내 위주'로 쓰는 삶입니다. 제가 이런 삶을 꿈꾸게 된 계기는 투자의 대가 워런 버핏의 말을 접하고부터입니다. "만약 잠자는 동안 돈 버는 방법을 찾지 못한다면, 당신은 죽을 때까지 일해야 할 것이다." 이 말을 처음 접했을 때, 정말이지 순간 망치로 머리를 쾅 하고 한 대 맞은 듯한 느낌이었습니다.

아버지들 세대만 해도 근로소득은 신성한 것이었습니다. 물론 지금도 중요합니다. 하지만 이것에만 의존하기에는 시대가 너무 달라졌습니다. 만약 근로소득에만 기대 살아간다면 죽을 때까지 돈과 시간에 옥죄인 채 일하며 살아가야 하죠. 그런데 우리가 마주하는 현실은 어떤가요? 일할 기회조차 원한다고 주어지지 않습니다.

그래서 경제적 자유를 얻기 위해서는 내가 잠자고 있는 동안에도 돈을 벌어주는 '패시브인컴'Passive Income(수동적 소득)이 필요합니다. 당장 내일부터 회사에 가지 못하더라도 꼬박꼬박 들어오는 일정한 소득이 있어야 한다는 말입니다. 그런데 패시브인컴은 단어의 의미와는 달리 이를 얻기 위해서 상당히 능동적인 학습과 구체적인 실행이 필요합니다.

대기업 9년 차, 내가 아직 집도 차도 없는 이유

김태호 작가의 웹툰 《미생》에서 주인공 장그래의 마지막 퇴근길 장면을 기억하시나요? 장그래는 뒤를 돌아보며 '언제 내 것이었냐는 듯

차갑게 보이는 회사' 건물을 바라봅니다. 그러고는 '내 인프라는 나 자신이었다'는 것을 깨닫게 됩니다.

저는 현재 대기업에 해당하는 회사에 다니고 있습니다. 그래서 제 또래 직장인들의 평균보다는 좀 더 많은 월급을 받고 있지만, 이것이 결코 안정적이지도 영원하지도 않다는 것 또한 잘 알고 있습니다. "근로자로 산다는 것, 버틴다는 것, 어떻게든 완생으로 나아가는 것…." 장그래의 이 독백은 모든 직장인의 현실입니다. 한 달에 한 번 당연한 듯이 나오는 월급이 결코 삶 전체를 책임져주지는 않습니다. 그래서 저는 스스로 삶의 인프라를 만들기로 했습니다. 나를 대신해서 돈을 벌어줄 인프라를 말이죠.

이런 목적을 갖게 된 후로는 당장의 소득으로 남들처럼 차를 사거나 안락한 보금자리를 얻을 수도 있었지만 그러지 않았습니다. 차 없이 대중교통을 이용하며 이리저리 뛰어다니고 비료 냄새가 진하게 배어 있는 회사 기숙사와 모든 살림이 한눈에 들어오는 원룸을 전전하며 돈을 아끼고 모았습니다. 그 시간이 그리 유쾌하지는 않았어요. 하지만 내 삶을 지탱해줄 인프라를 만든다는 중차대한 목적이 있었기 때문에 그 모든 불편을 견딜 수 있었습니다. 탄탄한 인프라를 쌓아가기 위해 아끼고 또 아끼는 삶을 기꺼이 받아들였던 것이죠.

본캐는 직장인, 부캐는 투자자

저희 집에는 칠판이 하나 걸려 있습니다. 다음 페이지의 사진과 같이 그 칠판에는 연도별 순자산과 주식투자 수익률을 적어 놓죠. 왼쪽

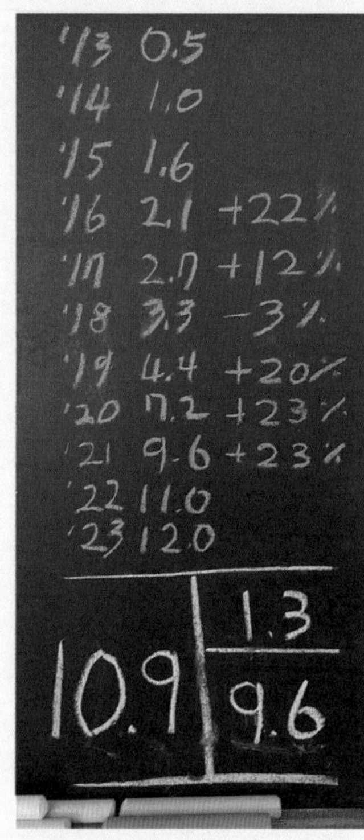

10억 원 모으기 계획을 메모한 칠판 사진.

은 연도, 중간은 순자산, 오른쪽은 주식투자 수익률입니다. 2020년까지는 결산 기록, 2021년은 현재 기록, 그리고 2022년 이후는 목표 값입니다.

가끔 이 숫자를 멍하니 쳐다보고 있으면 힘겹게 돈을 모으던 시절이 주마등처럼 스쳐 지나갑니다. 특히 2013년에서 2015년까지는 참 지독하게 살았다는 걸 느낍니다. 제가 봐도 저 돈을 어떻게 모았나 싶을 정도인데요. 그 시절의 제가 가엾게 느껴져서 칠판에 적혀 있는 숫자만 봐도 괜히 눈시울이 붉어지곤 합니다.

당시 저는 이렇게 소득을 극대화하고 소비를 극소화해도 평생 불안한 삶을 이어나가야 한다는 결론에 도달했습니다. 그래서 본격적으로 투자를 시작한 것이지요. 2015년에는 주식투자 공부를 시작해서 1년 동안 1,000만 원 정도의 돈으로 투자를 했고, 2016년부터는 은행에 예금으로 모아놓은 종잣돈을 투입하면서 본격적으로 주식투자에 뛰어들었습니다.

다행히 초심자의 행운이 따랐던 것 같습니다. 초기 2년 동안 두 자릿수의 수익률을 기록했거든요. 이때 비로소 자산이 벌어다주는 돈은 월급을 받아 모은 돈의 규모와 비교할 수 없다는 걸 경험했습니다. 1억 원의 10% 수익금은 1,000만 원이고 20%의 수익금은 2,000만 원으로 저의 몇 달치 월급을 단숨에 넘어섰습니다. 2018년에는 조금 아쉬운 투자 성적을 남겼는데, 지금 생각하면 다소 저돌적으로 투자했던 때가 아닌가 싶습니다. 그래도 이런저런 시도를 해보면서 미국 주식투자도 시작하고 지금의 포트폴리오를 구성한 의미 있는 해였다고 생각합니다.

그리고 2019년과 2020년은 스노볼 효과를 톡톡히 체감했습니다. 2020년에 아내의 계좌와 합병했고 코로나19의 위기를 기회로 만들면서 자산은 더 늘어났습니다. 이때부터 뭉쳐진 자산이 스스로 커지는 속도가 제가 근로소득을 투자금에 추가하는 속도를 크게 넘어섰습니다. 본캐와 부캐가 바뀌어도 이상하지 않을 수준으로요. 그리고 그 속도는 점점 빨라지고 있습니다. 아마 이 속도대로라면 멀지 않은 시점에 순자산 10억 원 달성도 가능할 것 같습니다.

사진에서 가장 하단은 현재의 재무상태입니다. 2021년 8월 기준으로 자산 총액은 10.9억 원입니다. 여기서 부채는 1.3억 원, 순자산은 9.6억 원입니다. 부채는 주식처럼 효율이 높은 자산 매수 등 순자산을 늘리는 데 도움이 되는 용도로, 약 3년 내에 갚을 수 있을 정도의 적정선에서 사용하고 있습니다. 현재 주식계좌의 평가액이 10.2억 원입니다. 전 재산을 주식에 투입했다고 할 수 있습니다.

나는 어제보다 가난한 적이 없었다

무작정 돈만 모아놓는다고 해서 '나 대신 돈을 벌어줄 인프라'가 저절로 만들어지는 건 아닙니다. 그 돈이 알아서 일을 할 수 있는 시스템을 구축해야 합니다. 돈을 아껴서 모으기만 한다면 그것은 단순히 절약하는 생활에 불과하고, 돈을 벌기 위해서 계속 특정한 행동을 반복해야 한다면 그건 또 다른 노동일 뿐이에요. 내가 애써 모은 돈으로 확보한 자산이 스스로 돈을 벌어올 때에 진정한 패시브인컴으로 경제적 자유를 이룰 수 있습니다.

제가 패시브인컴의 수단으로 선택한 건 주식투자였습니다. 지난 9년여 동안 직장인으로서 회사생활과 주식투자를 병행하면서 약 10억 원 규모의 계좌를 만들었고, 주식계좌에서 배당금으로만 월평균 120만 원가량의 현금이 자동으로 들어오고 있어요. 물론 목표한 경제적 자유에 이르기까지 아직 갈 길이 멉니다. 하지만 분명한 것은 그 과정을 착실히 밟아가고 있고 점점 목표에 가까워지고 있다는 사실입니다.

이렇게 지난 시간들을 되돌아보니 '나는 어제보다 가난한 적이 없었다'라는 생각이 듭니다. 그래서 확신하고 있습니다. 내일은 오늘보다 더 부자가 될 것이라고요. 부자의 기준은 각자 다를 겁니다. 그래서 저는 부자의 기준을 다른 누군가와 비교하지 않습니다. '오늘의 나보다 내일 더 부자가 되는 것'이 진정 행복한 부자가 되는 길이라고 생각합니다.

이 책은 저의 투자 여정을 담은 현재진행형 기록입니다. 지금 당장,

오늘 내가 할 수 있는 현실적인 투자의 길을 찾고 있는 직장인 투자자들과 동행한다는 마음으로 책을 썼습니다. 독자 여러분과 함께 오늘보다 내일 더 부자가 되는 길을 걸어가고 싶습니다. 경제적 자유를 이루는 그날을 하루라도 앞당기는 데 저의 경험이 조금이나마 도움이 되길 바랍니다.

2021년 8월

직장인 투자자 JC

* 책에서 언급된 종목들은 독자의 이해를 돕기 위한 예시이며, 기업가치는 집필 시점과 출간 이후가 다를 수 있습니다. 주식투자는 현 시점의 상황에 대한 대응이 중요하다는 점 주의하시기 바랍니다.

차례

제3장

돈 잘 버는 기업을 찾는 마법의 ROE 투자법

제4장

차근차근 마음 편히 부자 되기, 배당주 투자

제5장

세계 1등 기업의 주주가 되는 길, 미국 주식투자

제6장

웬만해선 손해 보지 않는 직장인 투자 노하우

제7장

투자 성과의 8할은 마인드 컨트롤로 이룬다

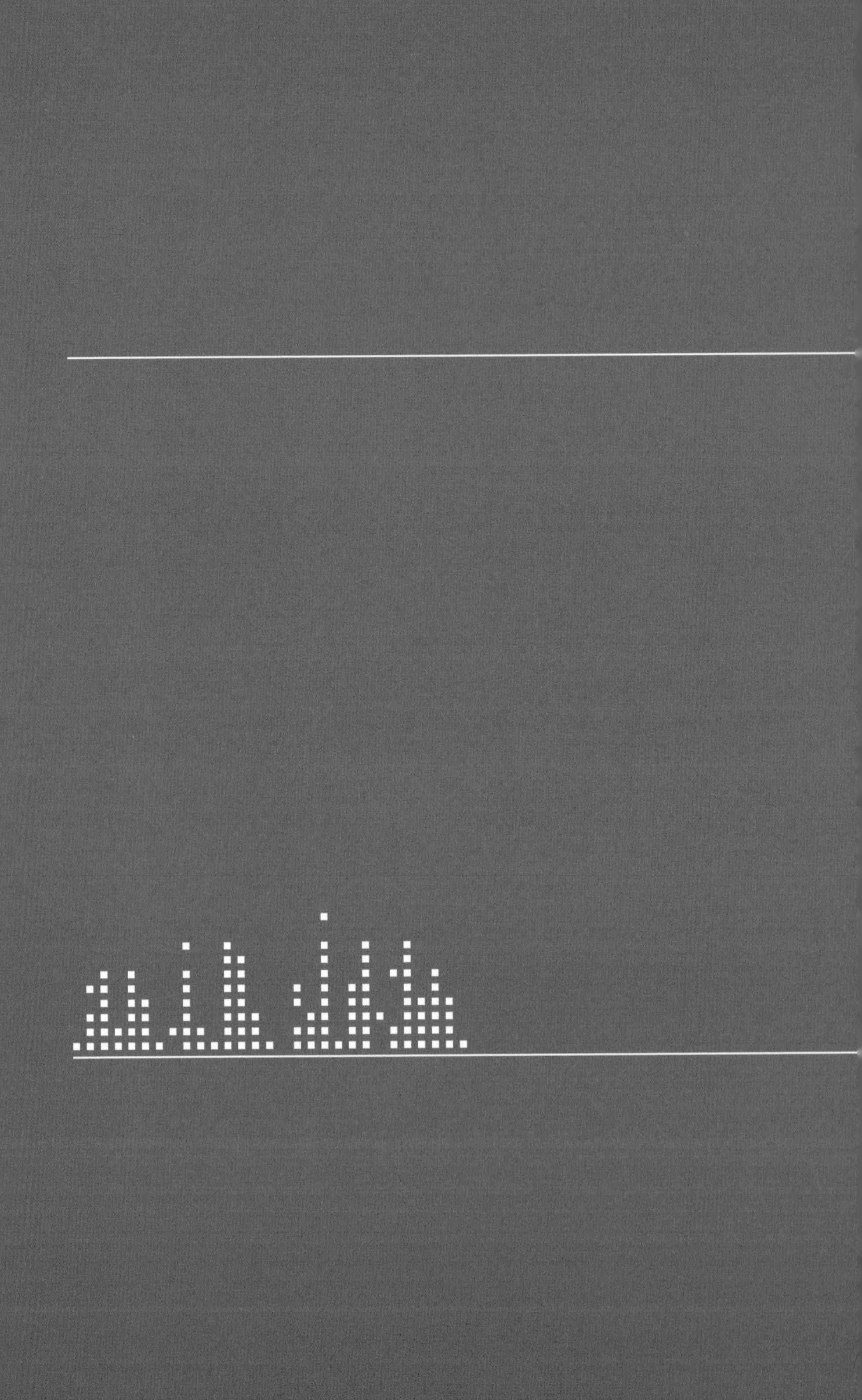

제1장

30대 대기업 직장인이 주식투자에 뛰어든 이유

"처음으로 주식을 사기 전까지
나는 인생을 낭비했다."

_워런 버핏

돈에 관한 지식 불평등이 가져온 기회

초등학교에서 대학교까지 10여 년이 넘는 시간 동안 학교를 다녔지만, 우리는 '돈 버는 법'을 제대로 배운 적이 없습니다. 국기함 만들기부터 글쓰기와 확률까지 학교에서 수많은 것들을 배웠지만, 이상하게도 돈 버는 방법에 대해서는 구체적으로 배운 적이 단 한 번도 없습니다.

물론 학교 교육이 돈을 벌 수 있는 자격을 갖출 수 있게 도와준 것은 분명합니다. 대학 입학과 기업 입사 등 각종 시험에 합격하고 경쟁에서 지지 않기 위한 교육은 받았으니까요. 그런데 이는 정해진 답이 있는 평가에서 우수한 성적을 받는 법을 배운 것일 뿐입니다.

돈 버는 법을 가르쳐주지 않는 사회

직장에 들어가서도 마찬가지였습니다. 기업은 신입사원부터 고참 사원까지 직원들의 업무 능력 향상을 위해 다양한 교육 프로그램을 진행합니다. 그런데 기업에서 하는 교육은 직원들을 회사에 보탬이 되고 조직의 코드에 잘 맞는 착실한 일꾼으로 만들기 위한 것이지, 세상의 흐름을 읽고 경제적 자유를 얻는 데 도움이 되는 방법을 알려주지는 않습니다. 어느 순간 저는 이 점에 회의를 품게 되었습니다. 살아오면서 가장 많은 시간을 보낸 학교와 직장에서 아무도 나에게 돈을 벌어 부자가 되는 법을 알려주지 않았다는 데 조금 화가 나기도 했죠.

그렇다면 학교와 직장을 제외하고 가장 많은 시간을 보내는 가정에서는 어떨까요. 운이 좋아 경제관념이 뚜렷한 부모님을 만나면 돈에 대해 배울 수도 있지만 운이 나쁘면 경제 교육을 받을 수 있는 최후의 보루마저 없는 경우도 허다합니다. 집을 사는 데 부모님에게 조언을 구하거나 도움을 받는 이들도 있습니다. 그렇게 철없던 시절 사놓은 아파트 시세가 10년 동안 회사를 다녀야 모을 수 있는 돈보다 더 오르기도 하죠. 또 어린 시절 부모님이 증여해준 주식계좌가 성인이 되고 보니 상당한 금액으로 불어나 있는 경우도 있습니다.

이런 부모님은 틈틈이 자녀에게 실생활 속에서 돈의 개념과 자본의 역할에 대해 교육해주기도 합니다. 이는 아주 큰 차이를 만들지요. 가정에서 부모님을 통해 이루어지는 돈에 관한 교육은 직접적인 현금과 자산을 물려주지 않더라도 부의 대물림을 만들기 때문입니다.

공교육을 통해 평등하게 다뤄지지 않는 돈에 대한 교육은 우리 인생을 지나치게 운과 '한 방'에 기대게 만드는지도 모릅니다. 젊은 세대들에게 가장 선호되는 직종이 공무원인 시대입니다. 그런데 정년이 보장된 직장에 다니는 것만으로 경제적 자유를 이룰 수 있을까요? 하루가 다르게 팽창하는 자산시장을 보면 생각이 달라질 수밖에 없습니다. 그렇다면 우리는 어떻게 해야 돈 버는 데 눈을 뜨고 각자도생의 시대에 살아남을 수 있을까요?

스스로 하는 돈 공부에 기회가 있다

초등학생 시절 저금통을 들고 새마을금고에 간 적이 있습니다. 통장을 만들고 난생처음으로 이자 500원을 받았던 그날의 기억이 아직도 생생합니다. 군대 시절에는 도서관에서 경제 관련 서적과 경제신문을 탐독했습니다. 대학생 때는 당시 유행하던 펀드로 처음 투자라는 걸 해봤고요. 주식계좌를 만들어놓고 몇 달 동안 방치하다가 어느 날 고속버스 안에서 무언가에 홀린 듯이 역사적인 첫 거래를 시작하기도 했습니다.

하지만 저의 투자 성적은 좋지 않았습니다. 몇 년 동안 단타를 하는 과정에서 투자금은 날이 갈수록 쪼그라들었고 자신감도 점점 사라지고 있었지요. 그러던 어느 날 우연히 《주식시장을 이기는 작은 책》을 읽으면서 가치투자를 접하게 되었고 곧이어 배당주의 매력에 빠지게 됐습니다. 다양한 방식의 투자를 시도해본 후 멀게만 느껴지던 미국 주식투자도 '일단 시작해보자'는 심정으로 뛰어들었습니다. 배당주와 미국 주식은 현재 제 포트폴리오portfolio(줄여서 '포트'라고도 함)의 중요한 부분을 차지하고 있습니다.

이런 일련의 과정들은 우연처럼 다가왔지만 돈 공부를 하고자 하는 의지가 있었기에 마주할 수 있었습니다. 그 기회와 경험이 없었다면 저는 아직도 투자와 돈에 관해 문외한으로 살아가고 있겠지요. 생각만 해도 아찔합니다. 그런데 돈에 대해 아무도 알려주지 않고 스스로 공부해야 하는 안타까운 현실이 누군가에게는 도리어 기회가 될 수도 있습니다. 투자에 대해 호기심을 갖고 차근차근 공부하고 있는 저와 이 글을 읽는 독자 분들에게 말이죠.

재미있는 사실은 돈에 관해 모를 때는 누구도 알려주지 않지만, 내가 알고자 마음만 먹으면 알려주려는 사람이 세상에 많다는 것입니다. 스스로 공부하고 투자해서 돈을 번 사람들이 자신의 경험을 스스럼없이 나누고 있으니까요. 블로그나 유튜브 등을 통한 배움의 기회가 누구에게나 열려 있습니다. 무엇보다 서로 윈윈하는 플랫폼 안에서 자발적으로 이루어지고 있으니 이보다 더 좋은 환경이 있을까요.

이 글을 읽고 계신 독자 분들도 이미 기회의 길을 걷기 시작하셨습니다. 투자의 규모와 빠르기는 각자의 상황에 따라 다르겠지만 방향만은 옳다고 분명히 말씀드릴 수 있습니다.

연봉에는 한계가 있지만 자본은 은퇴하지 않는다

대부분의 직장인들은 취업을 위한 긴 여정을 겪어왔습니다. 저도 마찬가지였고요. 평범한 삶을 살아가기 위해서는 돈이 필요하고 버는 수단으로 대부분 취업을 선택합니다. 좋은 회사에 입사하기 위해서는 적절한 능력의 검증이 필요한데 우리 사회에서는 보통 학력이 검증의 수단이죠. 그래서 모두가 좋은 대학에 들어가기 위해 고군분투합니다. 좋은 대학에 가기 위해서는 좋은 고등학교에 입학해야 하고, 그 확률을 높이기 위해서는 중학교와 초등학교의 선택도 중요합니다. 최근에는 이 과정에 영어유치원도 추가되었습니다.

이렇듯 우리는 취업하고 돈을 벌기 위해서 어린 시절부터 꽤 긴 시간 동안 준비를 합니다. 학교생활의 목적이 취업이라고 단정 지을 수는 없지만, 결과적으로 돌아보면 오랜 시간 동안 쏟아부은 시간과 노력, 에너지의 상당량이 결국은 취업 준비였다는 것을 부정하기 어렵습니다. 그런데 막상 인생의 가장 젊고 활력 넘치는 시절을 모두 투자해 힘겹게 들어간 회사에서 우리의 존재는 어떤 대접을 받고 있나요?

직원은 회사에게 어떤 존재일까

회사에게 '나'는 어떤 존재일까요. 일단 회사의 구조적인 모습을 보면 가족 같은 존재로 대우받고 있지는 않은 것 같습니다. 기업이 돈을 버는 구조는 단순합니다. 상품이나 서비스를 팔아 돈을 벌고 이를 위해 들어가는 비용을 최대한 줄여 이익을 극대화합니다. 이를 실제 기업경영에 사용하는 용어인 '손익계산서'로 표현하면 아래와 같습니다.

기업은 보유 중인 자산을 이용하여 상품이나 서비스를 제공하고 돈을 버는데 이를 '매출액'이라고 합니다. 여기서 상품을 만드는 데 필요한 재료비 등을 뜻하는 '매출원가'를 빼면 '매출총이익'이 됩니다. 따라서 매출총이익은 기업이 어떤 재료로 상품을 만들면서 창출한 부가가치라고 할 수 있습니다. 매출총이익에서 판매비와 관리비(판관비)를 빼면 '영업이익'이 됩니다. 영업이익에서 영업과 관련 없는 수입과 비

손익계산서

매출액
매출원가
매출총이익
판매비와 관리비
영업이익
영업외수입/비용
법인세비용
당기순이익

용을 제외하고 법인세를 빼고 나면 '(당기)순이익'이 됩니다. 이는 기업이 최종 목표로 삼는 결과물로, 기업이 존재하는 이유이자 지속가능한 존재인지를 결정짓는 가장 중요한 요소입니다.

모든 기업은 순이익을 높이려고 노력합니다. 순이익을 높이는 데에는 2가지 방법이 있습니다. 하나는 제품이나 서비스를 많이 팔아 매출을 늘리는 것입니다. 하지만 기업이 속한 국가 그리고 산업에 따라서 확장 가능한 매출의 상한선은 정해져 있습니다. 나머지 방법은 매출에서 빠지는 비용을 줄이는 것입니다. 비용 중에서 법인세는 국가에서 정하기 때문에 어찌할 도리가 없습니다. '영업외비용'은 원래부터 큰 비중을 차지하지 않습니다. 결국 기업은 매출원가와 판관비를 줄이는 수밖에 없습니다. 그리고 이것을 잘하는 경영자가 능력 있다고 평가받습니다.

안타깝게도 직원은 매출원가와 판관비에 속합니다. 상품 제조에 직접적으로 영향을 미치는 인건비는 매출원가에 속하고, 그 외에 일반적인 급여와 복지비용이 판관비에 속하죠. 즉 **기업 경영에 있어서 직원은 줄이면 줄일수록 기업 성과가 높아지는 '비용'에 속합니다.** 이런 이유로 기업은 평소에도 자동화 및 인력 효율화를 통해서 인건비를 줄이기 위해 노력합니다. 특히 업황이 어려운 시기에는 인건비를 줄이기 위해서 대량 해고를 감행하기도 합니다. 경기가 나빠져 매출과 순이익이 줄어드는 상황에 맞닥뜨리면 기업으로서도 어쩔 수 없는 선택을 하는 것이지요.

2020년에 코로나19로 인해 여행과 항공 관련 회사들이 문을 닫거나 구조조정을 단행하면서 수많은 사람들이 직장을 잃었습니다. 그전에는 조선업이, 더 이전에는 자동차산업 등이 구조조정을 하며 많은 사람이 일자리를 잃었습니다.

앞으로도 경영 환경의 변화와 예상치 못한 악재에 의해 다양한 업종에서 비슷한 일이 반복될 것입니다. 이 과정에서 비용으로 인식되는 직장인은 언제나 첫 번째 희생양이 되겠지요. 그리고 언젠가는 나의 차례가 올 수도 있습니다. 이 사실 하나만으로도 더 이상 직장인으로서 얻는 근로소득에만 의지해서는 안 된다는 것이 분명해집니다. 이제는 자본소득을 찾아나서야 하고 이는 더 이상 선택이 아닌 필수입니다.

자본은 나이 들지 않는다

저는 2013년에 회사생활을 시작했습니다. 신입사원 때가 엊그제 같은데 햇수로 따지면 벌써 9년 차가 되었네요. 첫해 연봉은 세전 4,000만 원 초반이었고 현재는 7,000만 원 수준입니다. 연봉의 흐름을 보면 직전연도 업무 평가 결과에 따라서 상승률의 차이가 있었는데, 2018년의 경우에는 2017년도에 받은 평가가 2016년도보다 낮았기 때문에 오히려 연봉이 줄어들기도 했습니다. 반대로 진급한 해는 상승률이 10%로 높은 편이었고요. 참 냉정하고 살벌한 노동 경제 시스템이죠.

어찌 됐든 평균상승률로 따지면 해마다 7% 정도의 연봉 상승이 있었습니다. 제가 회사에서 야간근무, 주말근무 가리지 않고 소처럼 일했기 때문에 업무 평가는 좋은 편이었습니다. 그리고 운 좋게도 회사가 속한 산업의 업황도 괜찮은 편이었죠. 그래서 개인적으로는 연봉이 매년 7% 정도 올랐다는 것에 꽤 만족하는 편입니다. 결과적으로 지금까지 저의 노동 가치는 매년 7% 정도 증가해왔습니다.

이번에는 제가 보유 중인 배당주의 상승률을 확인해보겠습니다. 저는 배당주 투자를 시작한 지 5년 정도 됩니다. 그동안 여러 종목들을 사고팔았지만 현재 보유 중인 국내주식 중 배당주 종목은 이크레더블, 고려신용정보, 삼성전자우, SK텔레콤, KT&G 5개입니다. 2017년부터 2021년까지 받은 배당금을 토대로 연평균 배당상승률을 계산해보면 평균 15.6%죠. 삼성전자의 2021년 1분기 특별배당금을 제외하고도 평균 15.2%입니다. 이처럼 괜찮은 배당주는 매년 약 10% 내외의 배당상승률을 보여줍니다.

이렇게 제가 받는 근로소득 증가율보다 자본소득의 증가율은 2배가 넘습니다. 그런데 이 차이보다 중요한 것은 근로소득의 증가율이 점점 낮아질 것이고, 언젠가는 정점을 찍고 내려온다는 것입니다. 내려오는 것뿐만 아니라 완전히 소멸되어 없어지겠죠.

통계청의 '2017년 국민이전계정 결과'를 보면, 우리나라 사람들은 생애주기상 28세부터 근로소득이 소비보다 많아지는 '흑자 인생'에 진입합니다. 그리고 45세에 근로소득 정점을 찍고 59세부터는 소비가 근로소득보다 많은 '적자 인생'에 들어가게 됩니다. 게다가 우리나라는 고령화 속도가 전 세계에서 가장 빠르고 연금의 소득대체율Net replacement rate(은퇴 전 개인소득 대비 은퇴 후 받는 연금 수령액의 수준)은 OECD 국가 중 최하위권에 속합니다. 국가 차원에서의 대책도 중요하지만 그보다는 개인의 노력이 선제적으로 이루어져야 하는 상황입니다.

내 몸의 경제적 가치는 언젠가는 사라집니다. 더 불행한 것은 내가 세상을 떠나기 전에 소멸되어버린다는 것이죠. **나의 경제적 가치가 사라진 삶에 대해 생각해본 적이 있으신가요? 이 비극은 누구에게나 닥칩니다. 그러므로 우리 모두는 필연적으로 자본소득을 늘려야 합니다. 자본은 인간처럼 나이 들지 않으니까요.**

땀 흘려 번 돈이 중요하지 않다는 게 아닙니다. 우리 사회는 분명 개개인의 귀한 노동 없이는 발전해나갈 수 없습니다. 하지만 자신이 아무리 원한다고 해도 땀 흘려 일할 수 있는 시간은 한정적입니다. 그리고 더 이상 일할 수 없어지는 순간, 그 이후의 삶은 누구도 지켜주지 않습니다. 어떤 선택을 하든 그 결과 역시 나의 책임입니다. 내 인생을 온전히 책임지고 받아들여야 한다는 것을 잊어서는 안 됩니다.

숨만 쉬어도 나가는 돈을 무서워하지 않으려면

코로나19가 한창 절정으로 치닫던 시기에 재택근무 경험을 했습니다. 약 3주간 집에서 노트북과 전화기로 업무를 처리했기 때문에 회사까지 왔다 갔다 하는 이동이 없었고 주말에 외식하러 나가지도 않았습니다. 그래서 당연히 소비도 줄었을 거라 기대했는데 이게 웬일인가요. 집 안에서만 생활해도 소비는 끊임없이 이어졌습니다. 이동하고 노는 데 쓰는 비용은 줄었지만, 먹는 데 쓰는 비용은 평소보다 훨씬 늘어났던 것이죠.

숨만 쉬어도 나가는 돈의 규모는 점점 더 커진다

우선 회사에서 점심시간이 되면 당연하게 갔던 구내식당을 이용할 수 없었습니다. 끼니마다 무엇을 먹어야 할지 고민해야 했죠. 집에서 근무하더라도 점심시간은 동일하게 한정적이기 때문에 시간 절약을 위해 잠깐 나가서 먹고 오거나 배달음식을 시켜 먹곤 했습니다. 그런데 요즘은 국밥 한 그릇도 기본 1만 원에 가깝습니다. 간단히 샌드위치와 우유를 먹더라도 6,000~7,000원은 지불해야 하죠. 이렇게 삼시세끼를 챙기는 데 하루에 대략 2만 원이 든다고 가정하면 한 달에 60만 원 정도가 필요합니다. 만약 가족이 있다면 2명은 120만 원, 3명의 식비는 180만 원에 달합니다. 그런데 더 큰 문제는 은퇴 후의 삶입니다. 구내식당도 이용하지 못하니 한 사람의 식비는 고스란히 가계의 부담으로 작용하겠지요.

집에서만 지내게 되면 식비 다음으로 부담되는 것이 '체온 유지비' 입니다. 조금 생소한 단어이긴 합니다만 사람은 살아가면서 체온 유지가 반드시 필요합니다. 그래서 여름에는 에어컨을, 겨울에는 난방을 이용하죠. 체온 유지비가 드는 건 사계절이 매우 뚜렷한 대한민국에 태어난 우리의 숙명이기도 합니다. 직장인으로서 회사에 머물 땐 잘 느끼지 못했는데 집에 있다 보니 그 필요성을 확연히 느낄 수 있었습니다. 특히 한창 무더운 여름, 재택근무를 하면서 종일 에어컨을 사용해야 했습니다. 그랬더니 그다음 달에는 사상 최고의 관리비 명세서를 받았고 그제서야 정신이 번쩍 들더군요.

생존을 위한 기본 생활비, 어떻게 만들어나갈 것인가

대부분의 직장인은 은퇴 후의 삶에 대해 어느 정도의 로망이 있습니다. 그런데 막상 은퇴하고 나면 갑자기 늘어난 여유 시간에 많이 당황한다고 합니다. 게다가 그 시간을 채우기 위해 들어가는 비용이 적지 않다는 사실에 놀라기도 하고요. 여유로운 시간을 이용해 모임을 갖거나 평소 해보고 싶었던 취미생활을 하려면 필연적으로 돈을 써야만 합니다. 무엇보다 직장생활을 하면서 안정적인 수입이 있을 때 해오던 소비 수준 이하로 생활해야 한다는 현실 앞에서 큰 좌절감을 느끼게 됩니다.

지금은 건강한 몸과 총명한 머리로 직장생활을 잘하고 있다고 해도 회사가 나를 원치 않을 때는 분명히 옵니다. 인정하기 싫지만 많은 선배들이 그 길을 걸었습니다. 그리고 안타깝게도 우리 사회는 그런 상황에 처했을 때 안정적인 삶을 위한 인프라를 제공해주지 않습니다. 그러니 집에서 숨만 쉬고 있으려 해도 나가는 식비와 체온 유지비, 주거 유지비는 스스로 만들어나가야 합니다. 이를 위해 우리는 평생 돈을 벌 수밖에 없습니다. 하지만 나의 노동력을 통한 소득은 한계가 분명합니다.

이 어려운 문제를 풀기 위해서 부지런히 자본을 축적해야 합니다. 그리고 그것을 이용해서 돈이 스스로 돈을 벌 수 있는 자산 구조를 만들어나가야 합니다. 그 자산이 벌어들이는 돈으로 구매력을 유지하거나 더 증가시켜야 합니다. 더 많은 자산을 확보하고 더 좋은 자산을 보유할수록 충분한 구매력으로 풍족한 노후생활을 이어나갈 수 있으니까요.

나도 한때는 저축왕이었다

현재 제가 갖고 있는 자산의 대부분은 주식입니다. 속된 말로 주식에 '몰빵'을 하고 있는 셈이죠. 그 결과 주식투자로 얻는 수익이 회사에서 받는 연봉을 넘어섰습니다. 주식이 부업과 본업의 경계선을 넘나들고 있는 상태라고 할 수 있죠. 그래서 주식에 비해 수익성이 현저하게 낮은 은행의 예·적금을 아주 부정적으로 생각합니다. 심지어 은행의 예·적금 이자는 은행주에 투자해서 받는 배당금만도 못합니다. 그러니 내 소중한 돈을 더 이상 은행에 저축할 이유가 없죠.

하지만 이런 저도 예전에는 저축왕이라고 불릴 정도로 돈이 생기면 무조건 은행에 맡기던 사람이었습니다.

저금리 은행 예·적금의 치명적인 한계

신입사원 시절, 저는 은행의 문지방이 닳도록 부지런히 드나들며 저축하는 데 몰두했습니다. 물론 실제로 은행을 방문한 것은 아니고 모네타 같은 웹사이트를 통해 최고 금리를 지급하는 은행을 찾은 뒤 월급을 받는 족족 인터넷뱅킹으로 예금계좌를 만들어 저축했습니다.

제가 회사에 들어간 2013년 당시에는 예금 금리가 4~5%대였습니다. 그래서 월급을 받으면 단 하루라도 돈을 입출금계좌에 두는 게 싫어서 매번 새로운 예금계좌를 만들었죠. 높은 금리는 아니었지만 매달 늘어나는 저축액에 만족하며 은행에 저의 모든 자산을 맡겼습니다.

그런데 시간이 지나면서 예금금리가 지속적으로 떨어지기 시작했습니다. 예금액을 기록하다 보니 이렇게 소처럼 일해서 꼬박꼬박 저축해도 내 인생은 현상 유지밖에 안 되겠다는 불안감이 엄습했죠. 저축으로는 한계가 있음을 깨달은 것입니다. 은행에서 지급하는 이자는 우리가 살아가면서 필요한 실생활의 물가상승률을 따라잡지 못합니다. 은행에 돈을 맡기는 대가로 이자를 받아봤자 실제로 만기 시점에 돈의 가치는 오히려 마이너스가 되는 셈입니다.

그래서 2015년부터 본격적으로 주식투자 공부를 시작했습니다. 주식투자는 부동산이나 다른 투자보다 비교적 적은 돈으로 쉽게 접근할 수 있었기에 가능했습니다. 만약 금리가 적정한 수준을 유지했다면 아직도 주식투자의 필요성을 몰랐을 수도 있겠다는 생각이 듭니다. 저금리 시대를 맞이한 게 오히려 다행이라고 해야 할까요.

저축으로 얻은 투자 마인드, 성공 경험과 인내심

이처럼 은행 예·적금이 주식투자에 비해서 수익성이 훨씬 떨어지는 건 사실이지만 돌이켜보면 **몇 년을 꾸준히 쌓아 올린 저축의 경험이 결국 오늘날 저의 투자에 밑거름이 된 종잣돈과 인내심을 길러주었다는 점은 분명합니다.** 피땀 섞인 노동의 대가로 벌어서 모은 소중한 돈이기에 허투루 쓰지 않고 신중하게 투자에 임할 수도 있었습니다.

이런 면에서 본다면 수익성이 떨어진다고 은행에 저축하는 것을 어리석은 행위라고 하기는 어렵겠습니다. 만기가 있는 예·적금은 사회 초년생이 인내심과 성취의 경험을 쌓아 투자 마인드를 다지는 데 좋은 수단이기 때문이죠. **달리기 위해서 걸음마부터 배워야 하듯 본격적인 투자를 시작하기에 앞서 필요한 과정이라고 생각합니다.**

자본주의 사회를 살아가면서 생산성이 높은 자산 취득은 필수입니다. 다만 좋은 자산을 보는 안목이 아직 부족하다면 예·적금으로 자본을 축적하면서 차근차근 학습하는 것을 추천합니다. 초보 투자자는 투자 공부를 하면서 예·적금을 통해 돈을 모으면서 은행에 종잣돈을 안정적으로 묶어둘 수 있죠. 그사이 부단히 좋은 자산을 알아보는 안목을 키우면서 내가 모은 자산을 적극적으로 활용할 수 있는 방법을 찾으면 됩니다.

저도 2015년부터 약 2년간 밤낮을 가리지 않고 주식투자와 관련한 공부에 푹 빠져 있었습니다. 이후 어느 정도 확신이 섰다는 판단을 했고, 2017년에 은행에 잠들어 있던 돈을 전부 주식계좌로 옮겼습니다. 그때의 결정이 오늘날 제가 자본소득을 만들어내는 시작점이 되었습니다.

1억 원을 모으면 알 수 있는 것들

"겨우 몇십만 원 벌려고 온종일 주식시세를 들여다보다니…."

소액 투자를 시작한 이른바 '주린이'들은 이런 푸념을 하곤 합니다. 사실 소액으로는 수익을 내봐야 실감이 나지 않습니다. 100만 원으로 10% 수익을 거둬도 10만 원인데 이 돈은 하루 이틀 만에도 다 써버릴 수 있는 푼돈이죠. 1,000만 원으로 10%의 수익을 낸다고 해도 그 수익금은 100만 원입니다. 이 역시 한달 월급에도 못 미치는 돈이기 때문에 그저 공돈처럼 느껴져 금방 써버리기 쉽습니다. 이처럼 아무리 열심히 공부를 하고 수익을 거둬도 자본금이 작으면 허무함을 느끼게 마련입니다.

그래서 투자에 관한 공부를 하다 보면 종잣돈의 중요성을 절감하게 됩니다. 그 종잣돈은 대개 1억 원을 말합니다. 종잣돈이 1억 원인 상태에서 10%의 수익을 낸다면 1,000만 원이 됩니다. 보통 직장인의 월급을 300만 원이라고 하면 석 달치에 달하는 수익을 얻는 셈이죠. 1년 내내 의욕적으로 열심히 일한 대가로 인사고과를 잘 받을 경우에 받는 성과금보다 더 큰 액수입니다. 수익이 이 정도가 나면 투자에 좀 더 진지하게 임하게 됩니다. 1년치 근로소득의 4분의 1에 해당하는 금액이기 때문에 투자수익으로 나의 근로소득을 대체할 수 있겠다는 희망도 생깁니다.

왜 꼭 '1억 원'이어야 할까?

종잣돈이 1억 원 정도 되면 투자할 수 있는 대상의 범위도 넓어집니다. 2021년 4월 말 기준으로 삼성전자의 1주 가격은 8만 원대지만 액면분할 전에는 주당 200만 원을 넘나들었습니다. 우리나라 최고 기업의 주식임에도 불구하고 당시에는 소액 투자자들은 접근하기 어려웠지요. 이처럼 투자금이 많을수록 투자 포트폴리오를 다양하게 구성할 수 있습니다.

투자는 수익을 기대하는 만큼 리스크도 함께 따라옵니다. 주가가 오르락내리락하는 변동성이 항상 뒤따르죠. 이를 견디기 위해서는 충분한 금액이 버퍼 역할을 해줘야 버틸 수 있습니다. 변동성이 미치는 기간은 보통 3년 정도로 보고 있습니다. 즉 주식이 적정 가치만큼의 가격으로 평가받을 때까지 길게는 3년 동안 주가가 출렁거릴 수 있다는 뜻입니다. 그래서 짧지 않은 시간 동안 적정 가치로 평가받을 때까지 기다릴 수 있으려면 충분한 투자금이 필요합니다.

결국 투자의 수익은 '자본금×수익률'로 결정됩니다. 여기서 수익률은 학습과 경험을 통해서 배울 수 있습니다. 다만 수익률에는 한계가 있습니다. 짧은 시간 동안에는 수십, 수백 %의 수익률을 얻을 수도 있습니다. 하지만 제가 생각하는 투자 목적은 몇 달 혹은 몇 년간 잠깐 돈을 벌기 위한 것이 아닙니다. 평생에 걸쳐 구매력을 유지 혹은 증가시키는 것이 목적입니다. 따라서 장기간의 수익률 기록이 중요하지요.

그런데 개인투자자가 장기적으로 연평균 20% 이상의 수익률을 얻기는 어렵습니다. 물론 큰 금액으로 수십 년 동안 20%에 가까운 성과를 이어오고 있는 투자자가 있긴 합니다. 바로 전 세계적으로 가장 유명한 투자자인 워런 버핏이죠. 다시 말해 연평균 20%를 상회하는 수익률을 얻을 수 있다고 생각하는 것은 내가 워런 버핏보다 더 뛰어난 투자자가 될 수 있다고 생각하는 것과 마찬가지입니다. 안타깝지만 이런 일은 일어나기 극히 어렵습니다.

따라서 개인투자자는 10~20% 사이의 수익률을 얻을 수 있다고 보는 게 합리적입니다. 우리가 얻을 수 있는 수익률에는 분명 한계가 있기 때문에 자본금을 늘리는 데 집중해야 합니다. 각자 처한 상황에 따라 다르겠지만 그 적절한 출발점은 1억 원이라고 할 수 있습니다.

저도 재테크 초기에 1억 원을 모으기 위해서 부단히 애썼습니다. 당시에는 투자금의 대부분을 은행에 저축했고 약간의 펀드를 하기도 했죠. 돈을 벌기 시작하고 약 4년에 걸쳐서 1억 원을 모았습니다. 각자 처한 환경이 다르기 때문에 종잣돈을 모으는 방식에는 정답이 없습니다. 다만 그 과정은 크게 다르지 않을 거예요.

돈을 모은다는 것은 수입에서 지출을 빼고 남은 돈이 쌓여간다는 것입니다. 혹시 누군가에게 목돈을 받을 수 있다면 제일 좋겠지만 그게 아니라면 근로소득을 통해 수입을 늘리는 수밖에 없습니다. 그리고 대체로는 근로소득으로 모은 돈이 제일 건강한 종잣돈이 될 테고요. 누군가는 1억 원을 모으는 데 3년이 걸릴 수도 있고, 또 누군가는 5년이 걸릴 수도 있습니다. 그러나 중요한 것은 종잣돈을 모으는 것입니다. 초반에 시간이 좀 걸린다 해도 나중에 돌이켜보면 그건 그다지 중요하지 않습니다.

각자의 방식으로 최선을 다해 수입을 늘렸다면 다음으로 해야 할 것은 지출을 줄이는 것입니다. 지출을 줄인다는 것은 무언가를 포기한다는 의미입니다. 저의 예를 들어볼게요. 신입사원 시절 안락한 개인 공간을 포기하고 벽지가 갈라지는 기숙사 생활을 택했습니다. 편리한 자가용을 포기하고 대중교통 시간에 맞추려고 여기저기 뛰어다니기도 했고요. 나의 수입에서 매달 고정적으로 나갈 수 있는 지출을 줄이려고 애썼습니다.

이런 과정이 결코 쉽지만은 않을 겁니다. 분명 주변에서 독한 놈, 짠돌이 소리를 할 테고요. 그런 소리를 들으면 '내가 이렇게까지 해야 하나'라는 생각이 들 수도 있습니다. 그뿐 아니에요. 돈을 모으는 과정에서 돈을 쓰게 만드는 유혹도 많이 생깁니다. 하지만 기억할 게 있습니다. 돈은 모으는 게 어렵지 써서 없어지는 건 정말 한순간입니다.

저는 그런 유혹이 찾아올 때마다 지금의 이 시기가 나중에 분명 큰 보상으로 돌아올 것이라 믿으면서 견뎠습니다. 다행히도 돈이 불어나는 데 재미를 느끼기도 했고요. 그 지루하고 쉽지 않은 길을 계속 가다 보면 열심히 모은 돈으로 돈을 벌어들이는 시기가 분명 찾아온다고 믿었고, 그 믿음으로 버텨낼 수 있었습니다.

2억 원과 8억 원을 만드는 난이도는 비슷하다

1억 원이 되기 전까지 마치 새해 카운트다운을 하듯 계좌를 보고 또 봤던 기억이 납니다. 1억 원을 모으면 뭔가 세상이 달라질 것처럼 말이죠. 그런데 통장 잔고가 1억 원이 넘어가도 제 인생에는 그 어떤 변화도 일어나지 않았습니다. 새해가 되어도 별것 없는 것처럼 말이지요. 1억 원을 단기간에 흥청망청 쓰지 않는 이상 삶이 달라지는 걸 느끼지는 못합니다. 그렇다면 모아봐야 별거 없으니 아예 모으지 않거나, 모으자마자 홀랑 다 써버리는 게 나을까요?

제 경우는 아니었습니다. 1억 원을 모아도 당장 일상에 큰 변화는 없었지만, 인생의 방향은 전과 완전히 달라졌습니다. 그 돈을 모으는 과정에서 저의 마음과 행동이 바뀌었기 때문이죠. 그것은 누가 가르쳐준다고 배울 수 있는 게 아닙니다. 본인이 직접 아끼고 저축하고 모아봐야 알 수 있는 것입니다.

주변의 또래 친구 중에서 아이 엄마나 아빠들을 보세요. 그들이 처음부터 부모였던 건 아닙니다. 마치 아이가 아이를 키우는 것 같다고들 했지만 시간이 지나면서 그들도 어느덧 어엿한 부모가 되어가지 않던가요? 어떤 대상에 대한 애착이 생기면 책임감과 노하우가 생기게 마련이에요. 인생에서는 배워서 알게 되는 것도 있겠지만, 계속 접하면서 자연스럽게 체득하는 부분도 확실히 있습니다.

돈도 마찬가지입니다. 지금 당장 100만 원, 200만 원을 모아봐야 무슨 소용이 있을까 싶지만 그걸 모으는 과정에서 나도 모르게 서서히 자본가가 되어갑니다. 그러면서 어디에, 어떻게 투자해야 할지 스스로 답을 찾아가기 시작합니다.

저도 1억 원을 모으기까지는 참 힘들었습니다. 그런데 1억 원이 2억 원이 되는 과정, 2억 원이 4억 원이 되는 과정, 그리고 4억 원이 8억 원이 되기까지의 과정에서 그 난이도를 비교해보면 큰 차이가 없었어요. 이쯤 되니 '아, 이제는 인생이 좀 바뀌기 시작하는구나'라는 것을 체감할 수 있었지요. 눈을 뭉쳐서 눈덩이를 만들 듯 적은 금액을 차곡차곡 모아서 1억 원을 만든 후 인생의 방향이 바뀌었고, 그 돈은 지금도 계속 올바른 방향으로 굴러가면서 눈덩이처럼 불어나고 있습니다.

투자의 길로 들어서고 싶다면 우선 '종잣돈 1억 원 모으기 프로젝트'부터 시작해보세요. 물론 쉽지는 않습니다. 개인의 상황에 따라 달성하기까지 걸리는 시간도 제각각입니다. 하지만 구체적인 목표를 세우

2015~2021년 투자 성과

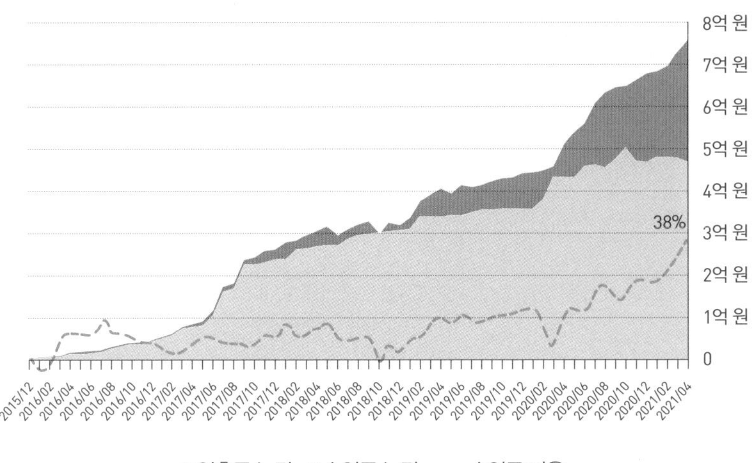

2021년 4월 기준.

고 실천해나가다 보면 의외로 별거 아닐 수도 있어요. 무엇보다 그 기간 동안 부단히 배우고 성숙해지는 경험은 쉽게 얻을 수 없습니다. 이는 단지 유튜브 강의를 본다거나 아침 일찍 일어나 다짐을 하는 걸로는 체득할 수 없는 소중한 자산입니다.

일단 자신의 매월 소득 대비 소비와 저축 그리고 투자 여건을 분석해서 계획을 세워보세요. 누구나 할 수 있습니다. 그 과정에서 내가 어떻게 달라지는지 무엇을 얻을 수 있는지 직접 확인해보시기 바랍니다.

당신이 부자가 될 확률은 예측 가능하다

'아침 일찍 일어나서 미라클 모닝을 경험하세요.'

'구체적인 목표를 세워야 합니다.'

'종잣돈을 모으는 데 집중하세요.'

'자존감을 키우고 자기 분석을 하세요.'

다양한 경로를 통해서 듣는 부자 되는 방법들입니다. 그런데 이런 말들은 듣는 순간에는 그럴듯하고 동기부여가 되는 것 같지만, 시간이 지나면 금세 잊혀지고 맙니다. 이런 방법을 실천하면 누구나 부자가 될 수 있을까요? 그리고 언제쯤 '나도' 부자가 될 수 있을까요?

부자가 되는 방법은 저마다 다르겠지만 부자가 될 수 있을지 아는 방법은 명확합니다. 그것도 숫자로 정확한 확률 계산을 통해 가능합니다. 먼저 작년 가계부를 열어보세요. 가계부가 없어 당황하고 계신다면 당신은 부자가 될 확률이 낮습니다. 하지만 포기하지는 마세요. 대략이나마 내 연봉이 얼마고 1년간 지출금액은 얼마인지에 대한 기록을 찾아보세요. 이것도 없다고요? 그렇다면 부자될 생각은 하지 않는 게 좋겠습니다. 경영학의 구루인 피터 드러커가 말했다고 알려진 이 문장을 곱씹어보세요. "측정하지 않으면 관리할 수 없고, 관리할 수 없으면 개선시킬 수도 없다." 진정 부자가 되고 싶다면 자신의 부를 기록하는 것은 기본입니다.

부자가 될 가능성을 확인하는 법

작년에 내가 벌어들인 소득에서 '생산가치'가 있는 자산으로 흘러들어간 돈이 얼마인가요? 여기서 생산가치가 있는 자산이란 주식, 부동산, 채권, 은행예금 등 그 존재 자체가 돈을 만들어낼 수 있는 것들을 말합니다. 장사를 하기 위한 임대료, 업무를 위한 컴퓨터 구입비, 영업을 위한 차량 구입비 등은 제외해야 합니다. 이런 것들은 돈을 벌기 위해서 구입한 자산은 맞지만 부자가 되는 확률을 측정하는 것과는 전혀 상관없습니다. 임대료, 컴퓨터, 차량 등은 그저 돈을 벌기 위해 사용하는 수단에 불과합니다.

돈을 많이 번다고 부자라 불리는 게 아닙니다. 내가 365일 장사를 하지 않아도, 컴퓨터로 열심히 작업을 하지 않아도, 차를 끌고 여기저기 다니며 영업하지 않아도 들어오는 소득이 있어야 합니다. 즉 나의 노동력 없이도 자산이 스스로 불어나는 사람을 부자라고 합니다. 근로소득이 높은 사람은 부자라기보다는 고액연봉자에 해당합니다.

내가 벌어들인 돈 대비 생산적인 자산으로 흘러들어간 돈을 계산해 보셨나요? 예를 들어 연봉이 5,000만 원이라고 해보죠. 이 중에서 생산가치 자산을 소유하는 데 쓰인 돈이 1,000만 원이라면 부자가 될 확률은 20%이고, 3,000만 원이라면 60%입니다. 이렇듯 부자가 될 확률은 모두에게 적용되는 절대적인 값이 아닙니다. 각자의 미래 자산규모가 지금의 자산보다 더 커질 수 있는지를 판단하는 것이죠. 부자가 될 확률을 높이고 낮추고는 온전히 본인에게 달려 있습니다.

책을 읽거나 유튜브 동영상을 보고, 마인드 컨트롤만 한다고 부자가 되는 게 아닙니다. 소득 대비 생산가치 자산으로 흘러들어가는 돈의 비율, 딱 이 숫자 하나에만 집중하시기 바랍니다. 작년 기준 부자가 될 확률은 얼마인가요? 재작년은요? 그 확률은 점점 올라가고 있나요? 아니면 점점 내려가고 있나요? 자기 자신에게 숫자로 '뼈 때리는 팩폭'을 해야 합니다. 이 외에는 그저 자기위안일 뿐입니다.

내 돈을 2배로 만들어주는 '72법칙'의 마법

투자를 위한 종잣돈으로 1억 원 정도는 모아야 한다면, 투자의 목표 금액은 어느 정도로 생각하시나요? 예전에는 10억 원을 기준으로 말했는데, 요즘은 20억 원 정도는 돼야 한다는 분위기입니다. 물가상승으로 인한 구매력 감소가 이렇게 무섭습니다. 그렇다면 20억 원까지 투자수익을 끌어올리기 위해 가장 먼저 해야 할 일은 무엇일까요? 바로 '나의 자산을 2배로 만드는 것'입니다. 당장 실현 가능성이 낮은 20억 원 달성에 매달리기보다는 현재 내가 가진 자산을 2배로 만드는 데 집중해야 합니다.

그런데 '1억 원이 2억 원이 되는 것'과 '10억 원이 20억 원이 되는 것' 중 뭐가 더 쉬울까요? 자, 이때는 월급쟁이 마인드에서 벗어나야 합니다. 투자의 세계로 들어선 순간 자산은 '덧셈 뺄셈'이 아닌 '곱셈 나눗셈'의 차원으로 들어가게 됩니다. 따라서 1억 원을 2억 원으로 만들기나 10억 원을 20억 원으로 만들기나 그 난이도는 동일합니다. 오히려 후자가 더 쉬울 수도 있어요. 왜냐하면 투자할 수 있는 대상이 더 늘어나기 때문이죠. 예를 들면 비싸서 쉽게 투자할 수 없었던 부동산이 있겠죠. 그래서 투자자들이 1억 원 만들기는 어려웠지만 그 후엔 자산이 기대보다 빠르게 불어난다고 하는 것입니다.

이렇게 자산을 2배로 만드는 데 걸리는 시간을 계산하는 공식을 '72법칙'이라고 합니다. 그 공식은 아래와 같습니다.

원금이 2배가 되기까지 걸리는 시간(년) = 72 / 수익률(%)

현재의 수익률로 자산이 2배로 불어나는 데 걸리는 시간을 계산할 수 있습니다. 가령 은행에 연 4% 정기예금 1,000만 원 상품에 가입한다면 원금 1,000만 원을 2배로 불리는 데 걸리는 시간은 72를 4로 나누어 18년이 걸린다는 것을 알 수 있습니다. 즉 기대수익률이 높으면 높을수록 원금을 2배로 만드는 데 걸리는 시간은 단축되죠.

연수익률을 10%로 계산해보면 7.2(=72/10)년 후 원금이 2배 늘어나게 됩니다. 여기서 1억 원을 2억 원으로 만드는 시간과 10억 원을 20억 원으로 만드는 시간에 차이가 없음을 알 수 있을 거예요. 만약 4년 안에 자산을 2배로 늘리고 싶다면 몇 %의 수익률을 내야 할까요? 이때는 72를 연수로 나누어주면 됩니다. 4년의 경우 18%(72/4=18)이고, 3년으로 줄이고 싶다면 24%(72/3=24)입니다.

이렇게 몇 %의 수익률 차이로 투자 기간이 단축되기 때문에 많은 투자자들이 조금이라도 수익률을 높이기 위해 노력합니다. 하지만 몇 번의 거래에서 두 자릿수 수익률을 기록했다고 자산을 2배로 불리는 건 어렵습니다. 그 수익률을 꾸준히 유지할 수 있어야 합니다. 투자는 장기간의 싸움입니다. 매년 일정한 수익률을 거두기 위해서는 전략의 개선이 필요하지만 이 방법 저 방법 무턱대고 쓰는 것은 의미가 없어요. 그리고 마이너스 수익률이 난다면 모든 게 헛일이 됩니다. 단기적인 손실은 피할 수 없겠지만 장기적인 손실은 무조건 피해야 합니다.

워런 버핏이 말한 2가지 투자 원칙을 다시 한 번 새겨봅니다.

첫째, 절대로 돈을 잃지 마라.

둘째, 첫째 원칙을 절대 잊지 마라.

월급쟁이 부자를 위한 투자 노트

좋은 빚과 나쁜 빚을 구분하는 법

"빚을 지는 것은 노예가 되는 것이다."

미국 철학가이자 시인인 랠프 월도 에머슨의 말입니다. 대다수의 사람들은 이처럼 '빚지는 것'에 대해 부정적으로 생각합니다. 언론에서도 매일 빚 때문에 발생한 안타까운 사연이나 흉악범죄에 관한 기사를 보도하고 있습니다. 저 역시 빚은 무조건 나쁜 것이라 생각하고 대출을 죄악시했던 시절이 있습니다. 그런데 웬걸요, 주변에 부자가 된 사람들은 전부 빚을 지고 있었습니다.

좋은 빚 vs. 나쁜 빚

빚에도 좋은 빚과 나쁜 빚, 두 종류가 있습니다. 지금까지 제가 죄악시했던 빚은 '나쁜 빚'이었던 거죠. **나쁜 빚이란 가치가 점점 떨어지는 소비재를 사기 위해 사용하는 빚입니다.** 예를 들면 자동차나 핸드폰 구입을 위해 빚을 지거나 유흥을 위해 돈을 빌려 사용하는 것을 말하죠. 이런 나쁜 빚에는 복리의 마법이 아닌 '복리의 저주'가 일어납니다.

한평생 빚에 허우적거리다가 인생이 끝날 수도 있습니다.

반면에 좋은 빚이란 시간이 지날수록 가치가 점점 오르는 자산을 구입하기 위해 돈을 빌리는 경우입니다. 예를 들면 우량 회사의 주식이나 좋은 입지에 있는 부동산을 사기 위한 빚입니다. 이렇게 금리보다 성장률이 더 높은 우량 자산을 사기 위해 빚을 이용한다면 그것은 좋은 빚이라 할 수 있습니다.

우리나라 기업 중에서 돈을 제일 많이 벌어들일 뿐 아니라 어마어마한 현금을 쌓아놓고 있는 삼성전자도 부채비율이 30%가 넘습니다. 대출한 돈을 이용해서 은행에 지불하는 이자보다 더 많은 돈을 벌 수 있다는 계산이 있기 때문이죠. 개인도 마찬가지예요. 대출받은 돈으로 우량한 자산을 매입해서 효율적으로 운용한다면 대출의 대가로 지불하는 이자보다 더 높은 수익을 얻을 수도 있습니다. 이때는 과감하게 레버리지 사용을 고려해볼 만합니다. 대신 그 대출은 만기까지 기간이 길고 이자가 고정되어 있는 질 좋은 대출이어야 합니다. 또한 우량한 가치를 지닌 주식을 선별할 수 있는 능력을 갖고 있어야 하고요. 이런 조건들을 갖춰야 현명하게 레버리지를 사용할 수 있습니다.

레버리지를 현명하게 쓰기 위한 3가지 원칙

저는 좋은 기업의 지분 가치는 시간이 지날수록 점점 상승한다고 믿고 있습니다. 그래서 주식투자에 대출도 적절하게 이용하고 있는데요. 다만 이때도 3가지 원칙을 준수합니다.

첫 번째 원칙은 대출 기간 내에 갚을 수 있을 만큼만 빌리는 것입니다. 예를 들어 1년짜리 신용대출을 사용할 때는 1년 동안 일해서 벌어들일 수 있는 수입이 3,000만 원이면 딱 그만큼만 빌립니다. 3년짜리 대출이고 3년 동안 1억 원을 벌 수 있을 거라 예상되면 1억 원을 빌리는 것이지요. 만약 대출 기간 동안 그만큼의 현금을 벌어들일 수 없다면 대출 만기가 될 시점에 상환을 위해서 자산을 강제로 팔아야 합니다. 그러면 원치 않는 매도로 손해를 보는 상황이 발생할 수 있죠. 즉 대출 기간 내에 갚을 수 있는 만큼만 빚을 져야 한다는 뜻입니다. 그래서 매달 현금흐름이 일정하게 있는 직장인이 상대적으로 레버리지 활용에 이점이 있습니다.

두 번째는 평소 관심을 갖고 있던 주식을 매수하는 용도로 빌리는 것입니다. 대출을 통해 생긴 돈으로 새로운 종목에 도전하지 않는다는 뜻입니다. 새로운 종목을 빚까지 내면서 매수하려는 것은 마음이 급하다는 반증입니다. 이럴 경우 돈을 잃을 가능성이 높습니다. 따라서 이미 분석을 마친 주식이나 보유하고 있는 우량 주식을 사는 데 써야 합니다. 가령 주식시장이 어떤 이벤트에 의해 비이성적으로 폭락할 때, 대출을 이용하여 평소 모아가던 종목을 저렴하게 사는 기회를 잡는 것입니다.

세 번째로 대출이자만큼 현금흐름을 얻을 수 있는 구조를 만들어야 합니다. 이는 '안전마진'이라 할 수 있는데, 최소한 대출이자와 같거나 그보다 큰 배당금을 받을 수 있게 포트폴리오를 구성하는 것을 의미해요. 주가가 오르지 못하더라도 배당금은 받았으니 최소한 대출이자를 연체하는 불상사나 원치 않는 매도를 방지할 수 있죠. 예를 들어 괜찮은 종목들로 포트폴리오를 구성해서 배당률이 3.5%인데 대출이자가 3.5%를 넘는 경우에는 좋은 대출이 아닙니다. 반대로 1~2%대 금리의 대출을 활용할 수 있다면 적극적으로 이용할 필요가 있습니다.

다시 한 번 말씀드리지만 빚을 이용하기 위해서는 우량 자산의 가치를 판단할 수 있는 능력을 갖추고 있어야 합니다. 그리고 꾸준한 현금 창출이 이루어져야 하고요. 그렇지 못하면 워런 버핏이 말한 것처럼 빚은 '자동차 핸들에 심장을 향한 칼을 꽂고 운전하는 것'과 같아져버릴 거예요. 사실 이런 무서운 말을 한 버핏도 큰 부를 이루는 데 부채를 잘 이용한 사람 중 한 명입니다. 부디 현명하게 대출을 활용하시기 바랍니다.

바쁜 직장인 투자자를 위한 원페이지 정리

✔ 지금 당장 자본소득자가 돼라

회사에서 직원은 '비용'에 해당한다. 그러므로 회사가 힘들어지면 직원은 언제나 첫 번째 희생양이 되고 언젠가는 나의 차례가 온다. 이처럼 경제적 가치가 사라진 비극적인 삶은 누구에게나 닥친다. 그러므로 우리 모두는 필연적으로 자본소득을 늘려가야 한다. 자본은 나이가 들지 않기 때문이다.

✔ 종잣돈 1억 원을 모으는 과정은 성숙한 투자자가 되는 과정이다

투자의 수익은 '자본금×수익률'로 결정된다. 일반 투자자가 장기간 연 10~20% 이상의 수익을 내는 것은 쉽지 않기 때문에 자본금이 적으면 눈에 띄는 수익을 내기 어렵다. 종잣돈 1억 원이 중요한 이유가 여기에 있다. 무엇보다 그만큼의 돈을 모으는 동안 부단히 배우고 성숙해지는 경험은 쉽게 얻을 수 없는 소중한 자산이다.

✔ 72법칙으로 자산을 2배로 늘리는 데 걸리는 시간을 계산하라

현재의 자산을 2배로 만드는 데 걸리는 시간은 '72법칙'을 활용해서 계산해볼 수 있다. 지금 나의 투자자산을 2배로 불리는 데 필요한 기간을 계산해보라. 수익률과 투자자금이 어느 정도 필요한지 한눈에 파악될 것이다.

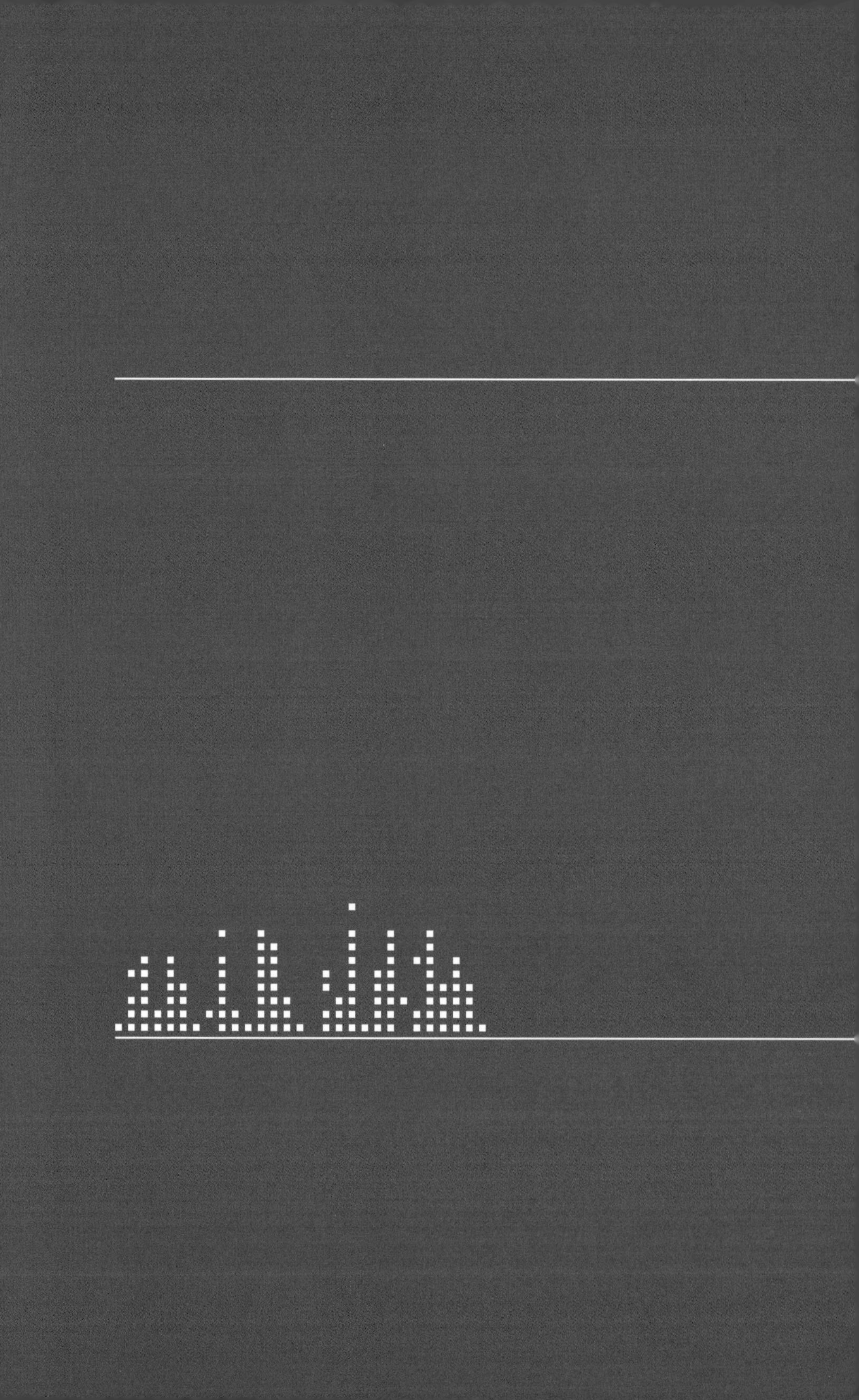

제2장

월급 굴려서 10억 만드는 가장 현실적인 투자 전략

"모든 주식 뒤에는 그것을 운영하는 기업이 존재한다.
기업이 무엇을 하고 있는지 찾아내라."

_피터 린치

직장인이 부자가 되는 가장 단순한 방법

매월 일정한 월급을 받는 직장인이 부자가 되는 방법은 매우 단순합니다. 가능한 월급을 많이 받아서 적게 쓰고 많이 모으는 것이죠. 그렇게 모아서 만든 자산으로 은퇴한 뒤에도 먹고사는 데 지장이 없다면 그것만으로 성공적인 직장생활을 했다고 볼 수 있습니다.

사업으로 큰 성공을 하지 않는 이상 월급쟁이가 수십, 수백억 원을 가진 부자가 되는 건 어렵습니다. 다만 자산에서 나오는 수익만으로 향후 생계에 문제가 없다면 그나마 '직장인 부자'라 할 수 있지요. 그런데 안타깝게도 모든 직장인이 월급만으로 부자가 될 수는 없습니다. 대부분의 직장인은 은퇴 후에도 생계 걱정을 해야 한다는 의미입니다.

월 400만 원 직장인과 월 1,000만 원 직장인의 노후

두 명의 직장인 A와 B가 있습니다. A의 월급은 400만 원이고 B의 월급은 1,000만 원입니다. 한 달 생활비를 동일하게 200만 원이라고 가정하면, A가 한 달에 모을 수 있는 돈은 200만 원이고 B는 800만 원입니다. 그렇다면 A는 1년간 2,400만 원을 B는 9,600만 원을 모을 수 있습니다. 둘 다 30세에 취업해서 60세까지 직장생활을 하고, 30년 동안 매년 같은 금액을 차곡차곡 모은다고 가정해보겠습니다.

매년 물가상승률로 인해 자산의 가치가 점점 떨어지겠지만 월급도 물가상승률만큼은 인상되기 때문에 이 점은 무시하겠습니다. A와 B 둘 다 재테크에는 큰 관심이 없어서 은행예금만으로 매년 2% 정도의 수익률을 기록했다고 합시다. 이 경우 A는 60살이 되었을 때 약 10억 원, B는 약 40억 원의 자산을 모을 수 있습니다.

둘 다 은퇴 시점에 본인이 갖고 있는 자산으로만 생활해야 하므로 수익률이 2%라면, A의 생활비는 10억 원의 2%인 2,000만 원을 12개월로 나눈 약 170만 원입니다. 원래 200만 원씩 썼는데 허리띠를 더 졸라매야 하는 상황이네요. B의 경우 40억 원의 2%인 8,000만 원의 수익을 얻을 수 있고, 이것을 12개월로 나누면 생활비로 678만 원을 쓸 수 있습니다. B라면 퇴직 후에도 꽤 풍요로운 생활을 이어나갈 수 있겠네요.

그러나 아쉽게도 저를 포함한 대부분의 직장인들은 B와 같은 수준

월급 400만 원 직장인 vs. 월급 1,000만 원 직장인

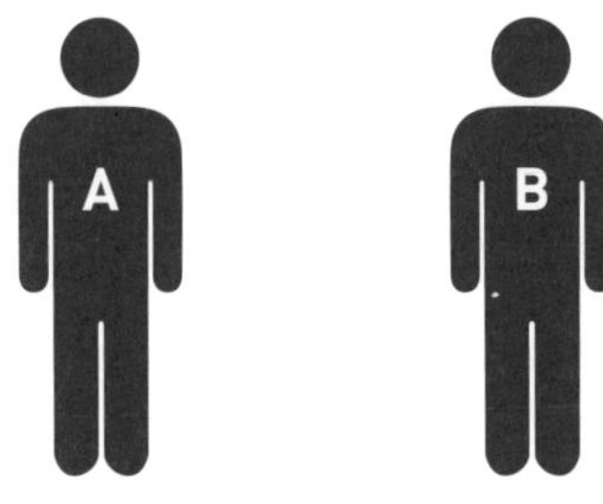

	A	B
월급	400만 원	1,000만 원
생활비	200만 원	200만 원
저축	200만 원	800만 원
	연 2,400만 원	연 9,600만 원

의 월급을 받지 못하고 있으며 60세까지 근속할 가능성도 적습니다. 그래서 은퇴 후의 재정상태를 생각하면 아찔해지곤 합니다. 은퇴 후에는 원래 쓰던 생활비만큼 쓸 수도 없을뿐더러 혹여나 사고나 질병으로 인해 큰돈을 쓰게 된다면 노후는 더 궁핍하게 될 테죠.

그래서 현재 재정 상황이 A보다 좋지 않다면, 즉 매년 2,400만 원을 모을 수 없고 직장생활도 향후 30년이 보장되지 않는 데다 연수익률 2%는커녕 돈을 까먹고 있다면 절망스러운 미래가 눈앞에 펼쳐질 것이라고 보면 됩니다. 어떻게든 살 수는 있겠지만 그 현실이 내가 바라고 꿈꾸던 노후의 모습은 아닐 겁니다.

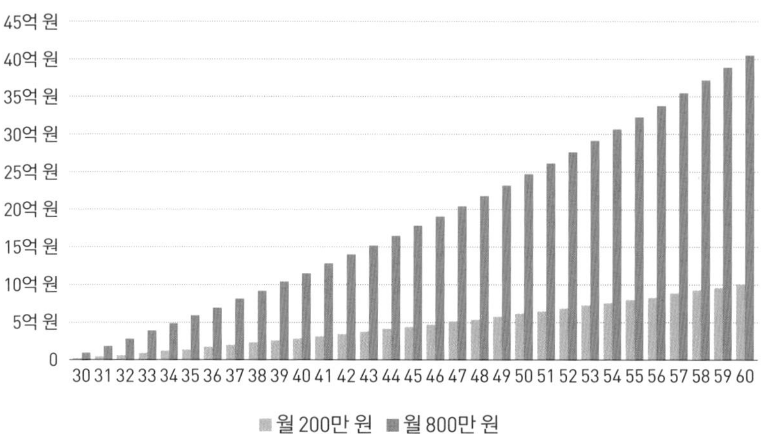

월 200만 원 투자,
연수익률 10%를 올리면 생기는 일

그런데 만약 A가 매년 10%의 수익률을 올릴 수 있다면 어떻게 될까요? 말 그대로 마법 같은 일이 벌어집니다. 월 200만 원씩 모아서 매년 10%의 수익률을 올린다면 A가 60살이 되는 해에 자산은 무려 43억 원입니다. 그리고 43억 원이 매년 10%의 수익을 만들기 때문에 A의 은퇴 후 월 생활비는 3,600만 원이 되고요. 더 많은 월급을 받은 B보다도 훨씬 더 풍족한 생활을 할 수 있는 것이죠.

만약 B가 돈도 많이 버는 데다가 재테크로 매년 10%의 수익률까지 얻을 수 있다면 그는 파이어족이 될 수도 있습니다. 은퇴하지 않고 계속해서 월급을 받고 투자를 한다면 100억 원대의 직장인 자산가도 될

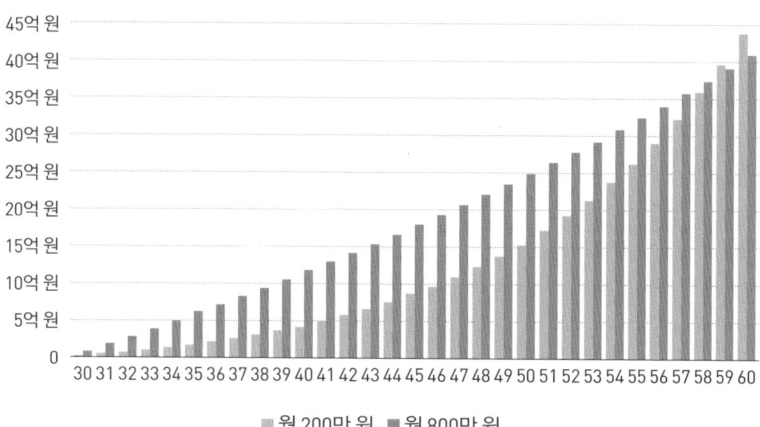

수 있고요. 이래서 직장인에게 꾸준한 수익률은 매우 중요합니다.

부자를 꿈꾸는 직장인이라면, 아니 최소한 경제적으로 어려움 없이 생활하고 싶다면 우선 개인 역량을 키워서 가능한 높은 연봉을 받아야 합니다. 그게 어렵다면 투잡이든 쓰리잡이든 가리지 말고 월수입을 늘려야 하고요. 그리고 반드시 재테크를 해야 합니다. 최소한 10%의 수익률을 목표로 잡고 말이죠.

직장인의 투자, 왜 주식이어야 할까?

그렇다면 어떻게 해야 10%의 수익률을 얻을 수 있을까요? 방법은 여러 가지가 있습니다. 투자자의 성향에 따라서 부동산, 채권, 주식 등

KOSPI vs. S&P500 vs. 서울 아파트

기간	지표	KOSPI	S&P500	서울 아파트
1986년 이후	연평균성장률(CAGR)	8.8%	8.8%	5.7%
	변동성	27%	15%	5%
	샤프지수	0.3	0.6	1.2

(출처: 인베스팅닷컴, KB부동산)

투자 방식은 다양합니다. 다만 현재 한국에서 가장 인기 있는 재테크 수단은 부동산과 주식인 것 같습니다.

2016년 이래로 우리나라는 부동산, 특히 서울 아파트의 가격이 매년 엄청난 상승세를 보여줬습니다. 그래서 최근 부동산 투자 열기가 뜨겁습니다. 그러나 위 그래프처럼 장기적으로 비교해볼 때 부동산은 주식의 투자수익률에 미치지 못합니다. 물론 부동산투자는 변동성이 작고 비교적 낮은 금리로 큰 레버리지를 사용할 수 있다는 측면에서 이점이 있습니다. 다만 주식투자와 달리 초기 비용이 많이 들고 환금성이 낮은 점을 고려해야 합니다.

반면에 주식투자는 직장인이 소액으로 접근할 수 있다는 이점이 있습니다. 주가지수 인덱스 ETF에만 투자해도 장기적으로 7~8%의 수익률은 얻을 수 있습니다. 주가지수 인덱스 ETF에는 모든 종목이 포함됩니다. 때문에 그중에서 고평가되었거나 수익성이 안 좋은 종목을 추려내고, 저평가되었거나 수익성이 괜찮은 종목만 골라 직접 투자하면 10%가 넘는 수익이 가능하죠. 물론 시장을 능가하는 수익률을 얻기 위해서는 공부가 필요합니다.

사실 좋은 수익률을 내기 위한 방법은 여러 선구자들이 이미 개발해 놓았습니다. 단지 오랜 시간 동안 흔들리지 않고 이것을 굳건히 실행할 수 있는 믿음과 인내심의 부족이 문제죠. 그래서 본인과 성향이 잘 맞는 방법으로 10% 수익률을 만들어낼 수 있는 재테크를 해야 합니다.

저는 직장인으로서 노후 준비와 경제적 자유를 이루기 위해 주식투자에 집중하고 있습니다. 그리고 지난 5년 동안 연평균 16%에 달하는 수익률을 안정적으로 기록하고 있고요. 지금부터는 제가 직장인 투자자로 공부하면서 체득한, 마음 편한 주식투자 방법에 대해 구체적으로 설명해드리려 합니다.

모두가 워런 버핏이 될 수는 없다

우리가 주식투자를 하는 목적은 단순합니다. 경제적으로 풍요로운 생활을 하기 위해서죠. 그래서 많은 투자자가 수익률을 더 높이기 위해 노력합니다. 그러나 현실적으로 개인이 주식투자를 통해 얻을 수 있는 수익률은 거의 정해져 있습니다. 이런 현실을 외면하고 비현실적인 '대박'을 기대하는 건 매우 위험합니다.

다음 표는 워런 버핏이 운영하는 버크셔해서웨이Berkshire Hathaway와 S&P500의 연도별 수익률입니다. 1965년부터 2020년까지 55년이라는 긴 기간 동안의 대기록입니다. 보시는 것처럼 S&P500 지수의 연평균 수익률은 10.2%입니다. 그리고 투자의 달인 워런 버핏이 이룬 성과는 연평균 20%예요.

Berkshire's Performance vs. the S&P 500

Year	Annual Percentage Change: in Per-Share Market Value of Berkshire	Annual Percentage Change: in S&P 500 with Dividends Included
1965	49.5	10.0
1966	(3.4)	(11.7)
1967	13.3	30.9
1968	77.8	11.0
1969	19.4	(8.4)
1970	(4.6)	3.9
1971	80.5	14.6
1972	8.1	18.9
1973	(2.5)	(14.8)
1974	(48.7)	(26.4)
1975	2.5	37.2
1976	129.3	23.6
1977	46.8	(7.4)
1978	14.5	6.4
1979	102.5	18.2
1980	32.8	32.3
1981	31.8	(5.0)
1982	38.4	21.4
1983	69.0	22.4
1984	(2.7)	6.1
1985	93.7	31.6
1986	14.2	18.6
1987	4.6	5.1
1988	59.3	16.6
1989	84.6	31.7
1990	(23.1)	(3.1)
1991	35.6	30.5
1992	29.8	7.6
1993	38.9	10.1
1994	25.0	1.3
1995	57.4	37.6
1996	6.2	23.0
1997	34.9	33.4
1998	52.2	28.6
1999	(19.9)	21.0
2000	26.6	(9.1)
2001	6.5	(11.9)
2002	(3.8)	(22.1)
2003	15.8	28.7
2004	4.3	10.9
2005	0.8	4.9
2006	24.1	15.8
2007	28.7	5.5
2008	(31.8)	(37.0)
2009	2.7	26.5
2010	21.4	15.1
2011	(4.7)	2.1
2012	16.8	16.0
2013	32.7	32.4
2014	27.0	13.7
2015	(12.5)	1.4
2016	23.4	12.0
2017	21.9	21.8
2018	2.8	(4.4)
2019	11.0	31.5
2020	2.4	18.4
Compounded Annual Gain – 1965-2020	20.0%	10.2%
Overall Gain – 1964-2020	2,810,526%	23,454%

Note: Data are for calendar years with these exceptions: 1965 and 1966, year ended 9/30; 1967, 15 months ended 12/31.

버크셔해서웨이 vs. S&P500 수익률 비교.

(출처: Warren Buffett's Letters to Berkshire Shareholders, www.berkshirehathaway.com)

매년 10%의 수익률을 얻는다는 것의 의미

위 도표에서 알 수 있는 한 가지는 우리의 돈을 미국시장에 맡겨놓기만 해도 장기적으로 연평균 10%의 수익을 얻을 수 있다는 사실입니다. 또 다른 하나는 전 세계인이 칭송하는 투자의 대가 워런 버핏의 투자수익률이 연평균 약 20%라는 것입니다. 따라서 개인투자자의 현실적인 수익률은 10~20% 사이라고 볼 수 있습니다. 물론 짧은 기간 동안 혹은 소액으로 20%를 훨씬 뛰어넘는 수익률을 기록할 수도 있겠지요. 하지만 투자금이 점점 증가하고 투자 기간이 길어질수록 지속적으로 20% 이상의 수익률을 유지하기란 거의 불가능합니다.

그러므로 개인투자자들은 이 수익률 범주 안에서 투자 계획을 세우는 게 현실적입니다. 만약 매년 초에 1,000만 원을 투자하고 10년 동안 10%의 연수익률을 기록한다면 10년 뒤에는 1억 7,000만 원이 됩니다. 15%의 연수익률을 기록한다면 2억 3,000만 원이고요. 워런 버핏처럼 연평균 20%의 수익률을 기록한다면 3억 1,000만 원입니다.

$$\text{n년 뒤 수익} = \text{투자금} \times (1 + \text{수익률})^{\text{n년}}$$

그런데 10년 뒤에 3억 원 정도의 자금이 있다고 해서 풍요로운 생활

매년 1,000만 원 투자 시 연수익률에 따른 10년 뒤의 예상 금액

매년 투자금	연수익률	10년 뒤
1,000만 원	10%	약 1억 7,000만 원
1,000만 원	15%	약 2억 3,000만 원
1,000만 원	20%	약 3억 1,000만 원

10년 뒤 예상 금액 10억 원을 목표로 할 때의 투자금과 연수익률		
매년 투자금	연수익률	10년 뒤
3,200만 원	20%	약 10억 원
4,300만 원	15%	약 10억 원
5,700만 원	10%	약 10억 원

을 할 수 있을까요? 게다가 주식투자를 하다 보면 온갖 맘고생을 하게 마련이라 아무리 못해도 10억 원 정도는 만들어야 투자한 보람이 있을 것입니다. 그러려면 매년 3,200만 원을 투자해서 20%의 연수익률을 기록하거나, 4,300만 원을 투자해서 15%의 연수익률을 기록해야 합니다. 또는 5,700만 원을 투자해서 10%의 연수익률을 달성하면 되죠.

현실적인 목표 수익률이 이뤄낸 기적

투자자마다 투자 목표와 투입할 수 있는 자금은 각기 다를 수밖에 없습니다. 그러니 개인투자자가 성취할 수 있는 수익률은 한정적이라는 현실을 명확히 깨닫고 인정한 뒤 투자 계획을 세워야 합니다. 이런 사실을 받아들이지 않고 뚜렷한 목적과 계획 없이 그저 오르락내리락하는 주식시장만 바라보고 있다가는 인생의 소중한 시간만 소모한 채 정작 손에 쥔 것은 없이 쓸쓸하게 주식시장에서 퇴장해야 할 수도 있

매년 초 투입 투자금과 연수익률에 따른 10년 뒤 예상 금액

(단위: 만 원)

투자금 \ 연수익률	5%	10%	15%	20%	25%
1,000	13,207	17,531	23,349	31,150	41,566
2,000	26,414	35,062	46,699	62,301	83,132
3,000	39,620	52,594	70,048	93,451	124,698
4,000	52,827	70,125	93,397	124,602	166,265
5,000	66,034	87,656	116,746	155,752	207,831
6,000	79,241	105,187	140,096	186,903	249,397
7,000	92,448	122,718	163,445	218,053	290,963
8,000	105,654	140,249	186,794	249,203	332,529

표에서 주황색으로 칠해진 부분은 10억 원을 달성할 수 있는 경우를 표시한 것이다.

습니다.

저의 목표 수익률은 연평균 15% 내외입니다. 수익률의 한계를 잘 알고 있기 때문에 이 정도 수익률로 경제적 자유를 얻기 위해서 필요한 자본금을 부지런히 모아서 투자하고 있죠. 투자금과 연수익률에 따른 금액을 나타낸 위 표에서 붉은 박스 안의 영역이 제가 현실적으로 이룰 수 있는 영역이라 생각하면서 말이죠.

이런 명확한 기준과 노력 없이 현실적인 범위를 넘어서는 대박 수익률을 노리기엔 주식시장이 그리 호락호락하지 않습니다. 현실적인 수익률과 투자 가능한 자본금을 곰곰이 따져본 후 계획적이고 현명하게 투자에 임해야 합니다.

주식투자는 내가 돈을 버는 것이 아니다

직장인으로 본업이 바빠지면 주식이고 뭐고 신경 쓸 겨를이 없을 때가 생기게 마련입니다. 하지만 제대로 투자를 하고 있다면 굳이 신경 쓰고 있지 않더라도 주식계좌의 평가금액이 늘어나 있는 것을 확인할 수 있지요. 이것이 바로 제가 생각하는 직장인 투자자로서 가장 이상적인 투자 방법입니다.

주식투자를 할 때 흔히 하는 착각 중 하나가 '내'가 '돈'을 번다는 것입니다. 하지만 실상은 그렇지 않습니다. 돈은 기업이 벌고 나는 기업이 돈을 버는 데 필요한 자본을 대주는 것뿐입니다. '나'는 자본을 모으고 올바른 곳에 배치하기만 하면 됩니다. 그 자본을 이용해 돈을 버는 주체는 바로 기업이니까요. 저는 제가 올바르다고 생각하는 기업에 자본을 배치해두었습니다. 그래서 제가 한 달 동안 주식에 대해 전혀 신경 쓰지 않더라도 저의 자산은 점점 늘어나고 있는 것이죠.

투자는 돈을 버는 게 아니라 가치 있는 자산으로 교환하는 것

이번에는 주식투자가 '돈'을 벌기 위해서 하는 것이라는 착각에 대해서 이야기해보겠습니다. 가끔씩 보유한 주식의 평가액을 두고, 팔아서 내 주머니에 들어오지 않는 이상 그것은 숫자에 불과하다고 말하는 사람이 있어요. 그런 말을 하는 것은 투자의 목적을 돈, 즉 현금에 두기 때문입니다. 이러한 사고방식은 부를 이루는 데 도움이 되지 않습니다. 오히려 방해가 되죠.

현금을 목적으로 투자를 하면 항상 언제 현금화를 해야 하나 고민하게 됩니다. 이러한 투자의 경우 매수한 가격보다 비싸게 파는 것만을 반복하는 경향이 있습니다. 이럴 경우 매수가보다 조금 오르면 언제 팔아야 할지를 고민하기 시작합니다. 가격이 오르면서 눈에 보이는 수익이 언제 없어질까 불안하기 때문에 주식을 장기간 보유하기 힘들어집니다. 한번 얻은 이익을 잃기 싫어하는 인간의 본성 때문이죠.

주가가 내려갈 때도 문제입니다. 매수가보다 싸게 파는 건 투자의 실패로 인식되기 때문에 강제로 장기투자에 들어가는 경우가 많습니다. 이런 종목들이 전체 포트폴리오의 수익률을 떨어뜨리는 결과를 초래하지요. 이런 투자를 반복하다 보면, 바쁘게 투자를 하는 것 같은데 실제로는 큰 수익을 얻지 못합니다.

투자는 매수가보다 비싸게 팔아 현금을 늘리는 행위가 아닙니다. 지금 갖고 있는 자산보다 더 가치 있는 자산으로 교환하는 과정입니다. 예를 들어 돈이 내 주머니에 있는 것보다는 이자를 받을 수 있는 은행 예금으로 바꾸는 것이 가치를 높이는 방법이죠. 요즘 같은 시기에는 은행예금으로 넣어둬봐야 이자도 얼마 나오지 않으니, 직접 주식에 투자해 배당을 받는 것이 더 현명한 방법이 될 수 있습니다.

주식투자를 하더라도 직접 투자가 힘들다면 주식시장 전체의 기대수익률을 믿고 시장지수를 추종하는 ETF를 사면 됩니다. 1등주가 더 성장률이 높다고 생각하면 삼성전자를 사면 됩니다. 기업에 대한 가치평가를 어느 정도 할 수 있다면 삼성전자보다 더 높은 성장률을 기대할 수 있으면서도 규모가 작은 성장주에 투자할 수도 있겠지요.

자산을 어디에 투자할 것인지에 대한 합리적인 의사결정이 쌓이며 장기적인 수익률을 높이는 것이 바로 진정한 투자의 목적입니다. 이렇듯 투자는 더 가치 있는 자산으로 교환하는 작업의 연속입니다. 그러니 장기적으로 가치가 점점 줄어드는 현금으로 바꾸는 행위는 좋은 투자법이라고 볼 수 없죠.

당장 먹고살기 위해 현금이 필요한데 언제까지 주식을 들고 있으라는 말이냐고 묻는 이들이 있을 겁니다. 그들은 지금 잘못된 투자를 하고 있다고 봐야 합니다. 당장 써야 할 현금으로 주식투자를 하고 있다는 뜻이니까요. 투자는 장기적으로 구매력을 유지 혹은 상승시키기 위해서 하는 행위입니다. 그러니 단기간 현금화되는 이익에 집착하지 말아야 합니다.

중요한 것은 내가 투자한 기업들이 이익을 잘 만들어내며 내 자산의 가치를 높여가는지를 살펴보는 것입니다. 그리고 더 좋은 기업으로 내 돈을 이동시키는 행위를 반복하는 것, 그것이 주식투자의 본질입니다. 지금 당장의 돈을 벌기 위한 투자가 아닌 자산을 모으는 투자를 하시기 바랍니다.

직장인 투자자의 하루, 돈이 일하는 시스템 만들어라

흔히 직장인이 주식투자를 한다고 하면 하루 종일 주식 시세창을 켰다 껐다 하면서 본업에 집중하지 못하는 모습을 떠올립니다. 주식시장이 열려 있는 동안에는 근무시간임에도 어디론가 자꾸 사라지기도 하고요. 이런 모습을 보이는 많은 이가 자신이 주식투자로 돈을 벌고 있다고 착각합니다.

물론 주식투자 초반에는 기초적인 지식을 쌓는 시간이 필요합니다. 주식에 대한 기본적인 지식뿐만 아니라 성공한 투자 대가들의 철학을 받아들이고 나만의 경험을 쌓는 데 일정 기간 절대적인 시간이 필요하죠. 하지만 그 이후로는 투자자가 매일같이 직접 시간을 써야 할 일은 거의 없습니다.

제 경우도 주식투자를 배우는 초반 1~2년은 대가들의 책을 읽고 종목을 분석하는 안목을 키우는 데 많은 시간을 사용했습니다. 특히 평일 퇴근 후와 주말 시간을 할애했죠. 이동하는 출퇴근 시간에는 경제 관련 뉴스나 팟캐스트도 청취했고요. **그러나 투자 철학이 자리 잡고 포트폴리오가 어느 정도 구성된 후에는 주기적으로 포트폴리오를 관리하는 데만 최소한의 시간을 쓰고 있습니다.**

한 달을 기준으로 들어오는 배당금, 그리고 계좌 상태와 성과를 확인합니다. 또 분기마다 발표되는 보유 기업의 실적을 살펴봅니다. 사실 기업 실적도 1년 실적을 통합해서 보는 게 정확하기 때문에 분기 실적은 매출, 영업이익, 순이익을 간단하게 체크하는 수준입니다. 실적이 기대 이하거나 더 이상 보유할 가치가 없다고 생각되는 이벤트가 발생하면 매도를 고려하고 그 반대의 경우에는 추가 매수를 하면서 포트폴리오 리밸런싱을 하기도 하죠.

주식투자는 자본이 돈을 벌 수 있는 판을 깔아주고 환경만 조성해주면 됩니다. 즉 돈이 일하게 하는 시스템을 만드는 것이죠. 직장인은 계속해서 투자 가능한 현금흐름을 만들어내면서 효율적으로 자본을 배치해나갈 수 있는 이점이 있습니다. **나의 노동력은 일한 결과가 극명하게 나오는 본업에 할애하고, 돈이 스스로 일할 수 있는 환경을 만들어놓는 게 좋습니다.** 그것이 현명한 직장인 투자자의 이상적인 모습입니다.

주식투자로 수익을 얻는 2가지 방법

기업이란 무엇일까요? 이윤 획득을 목적으로 운용하는 자본의 조직단위입니다. 실제 기업은 자산의 형태로 존재하며, 자산에는 공장이나 사무실 같은 건물과 상품 재고 등이 포함되어 있습니다. 좀 더 자세히 살펴보면 우리가 투자하는 기업의 자산은 유동자산과 비유동자산, 2가지로 나뉩니다.

'유동자산'은 1년 내에 현금화할 수 있는 것이며 그렇지 않은 것은 '비유동자산'입니다. 유동자산에는 상품 재고나 물건을 판매한 후 아직 돈으로 받지 못한 매출채권 또는 은행예금이나 쉽게 현금화할 수 있는 단기성 금융상품이 포함되죠. 비유동자산은 단기간 내에 팔지 않을 투자자산이라든지 공장이나 사무실 건물 같은 유형자산 또는 특허

권 같은 무형자산 등을 일컫습니다. 이렇게 하나의 기업은 여러 가지 자산의 합으로 이루어져 있습니다.

기업이 보유하고 있는 자산은 어느 날 하늘에서 뚝 떨어진 게 아닙니다. 초기에 자산을 구성하기 위한 자본이 투입되지요. 사업을 하기 위해 공장을 세우고 제품을 만들기 위해서도 초기 자본금이 필요합니다. 기업은 이 돈을 구하기 위해서 2가지 방법을 사용하죠.

기업의 자산

유동자산
- 재고자산
- 매출채권
- 현금 및 현금성자산

비유동자산
- 투자자산
- 유형자산
- 무형자산

한 가지는 은행 같은 채권자에게 빌리는 '부채'입니다. 부채는 이자가 발생하고 언젠가는 갚아야 하는 의무가 있습니다. 1년 안에 갚아야 하면 '유동부채', 아니면 '비유동부채'로 분류합니다.

다른 한 가지는 '자본'입니다. 자본에는 자본금과 자본잉여금 그리고 이익잉여금이 포함됩니다. '자본금'은 기업이 주식을 발행해서 주주로부터 투자받은 돈입니다. 보통 기업의 액면가는 5,000원인데 이 액면가에 주식의 개수를 곱한 만큼의 돈이 자본금이죠. 주식이 상장되면 보통 액면가보다 더 큰 금액으로 주식가격(주가)이 형성됩니다. 이때 차익만큼이 '자본잉여금'이 됩니다. 예를 들어 액면가 5,000원짜리 주식을 시장에 공개했는데 상장할 때 1만 원에 팔렸다면 차액인 5,000원 곱하기 주식 개수만큼이 자본잉여금이 되는 거예요. 그리고 마지막으로 사업을 통해 벌어들여 기업에 쌓이는 돈이 '이익잉여금'입니다.

주식을 발행해서 얻은 자본금은 채권 같은 부채와는 달리 갚아야 할

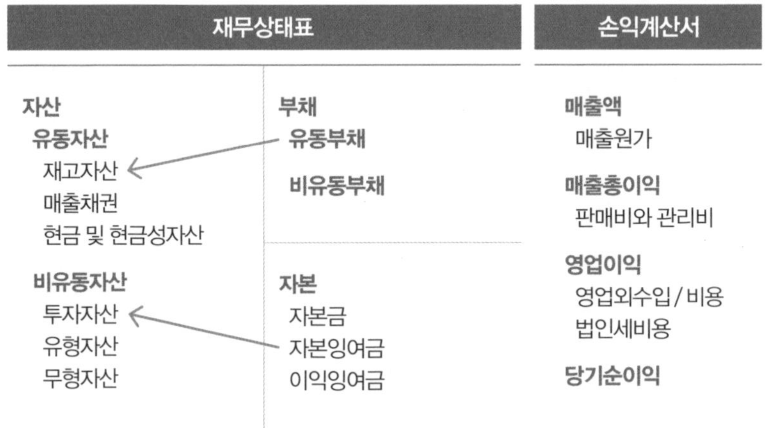

의무가 없고 이자를 줘야 할 의무도 없습니다. 다만 주식을 보유한 투자자에게 분기마다 재무상태를 보고해야 하는 의무가 있으며, 기업의 이익을 배당금으로 나누는 등의 주주환원 정책을 펴기도 합니다.

요약하자면 기업은 자산의 형태로 이루어져 있고, 자산은 채권 같은 부채와 주주가 투자한 자본으로 조달됩니다. 이런 자산과 부채 그리고 자본의 상태를 나타낸 것을 '재무상태표'라고 부르죠. 기업이 돈을 벌기 위해서 어떤 요소로 구성되어 있는지 알 수 있는 일종의 성분표입니다.

기업의 목적은 자본과 부채로부터 조달한 돈으로 구성한 자산을 이용해 돈을 버는 것입니다. 공장이나 사무실 같은 생산시설을 이용하여 소비자에게 제품이나 서비스를 제공해서 '매출액'을 얻습니다. 이 중에서 제품이나 서비스를 만드는 데 들어간 매출원가를 빼면 '매출총이익'이 됩니다. 상품을 판매하고 관리하는 데 필요한 판매비와 관리비를 제외하면 '영업이익'이 되죠. 기업의 영업활동과 관련이 적은 데서 생긴 수입은 더하고 비용은 뺍니다. 여기서 법인세까지 내고 나면 최종적으로 '당기순이익'이 됩니다. 기업이 사업을 통해 최종적으로 벌어들인 돈이라고 할 수 있습니다. **이렇게 기업이 돈을 버는 과정을 나타낸 것을 '손익계산서'라 합니다.**

기업이 번 돈이 주주에게 돌아오는 과정

기업이 자산을 이용하여 사업을 통해 최종적으로 얻어낸 당기순이익은 자본의 이익잉여금으로 회수됩니다. 자본과 부채의 합은 자산과 동일하기 때문에 자본이 증가했으니 이 돈은 부채를 갚는 데 쓰이거나

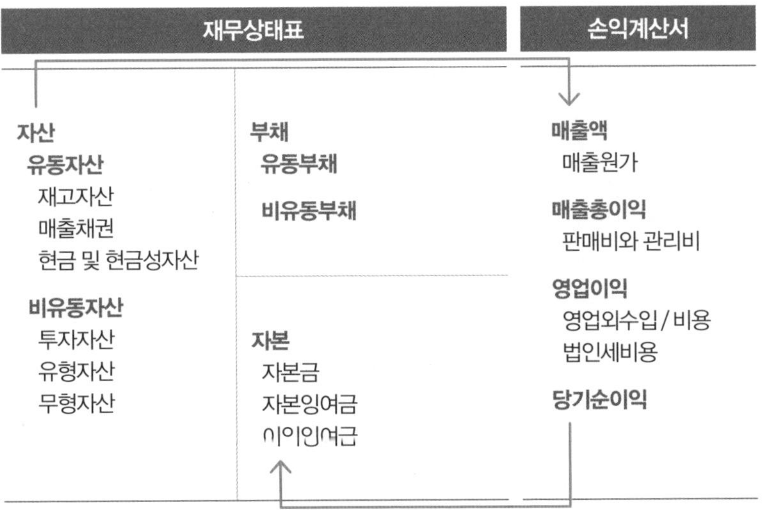

자산의 어딘가로 재배치됩니다. 이렇게 기업이 돈을 벌어 생긴 이익은 자본으로 쌓이고 다시 자산으로 재투자되어 더 큰 이익을 만드는 선순환을 이어나가게 됩니다. 그리고 기업의 자본이 점점 커지면서 주주가 갖고 있는 지분인 주식의 가치도 커지게 되고요.

기업이 주식시장에서 투자자로부터 자금을 조달한 후에는 기업과 주가 간에 직접적인 연결고리는 없습니다. 주가의 등락에 따라 재무상태표의 자본이나 보유한 자산이 달라지지도 않습니다. 손익계산서에서 보이는 이익이 만들어지는 과정에서도 주가에 따른 영향은 없고요. 소비자는 삼성전자보다 LG전자의 주가가 낮다는 이유로 LG전자의 냉장고를 선택하는 걸 꺼리지 않는 것처럼 말이죠.

이처럼 기업과 주가 간에 직접적인 관계는 없습니다. 하지만 기업의 존재 이유가 자본을 이용해 이윤을 창출하는 것이고, 그 자본을 소유한 주주에게 이윤이 돌아가게끔 운영하는 것은 당연지사입니다. 그래서 기업은 주주환원 과정을 통해서 주주에게 이익이 돌아가도록 합니다.

투자자는 배당금과 시세차익을 얻는다

앞서 기업이 투자를 통해 얻은 당기순이익이 이익잉여금으로 쌓인다고 설명했습니다. 기업은 이 돈으로 제품의 원료도 사고 공장도 추가로 확장하는 등 투자에 사용한 다음, 남는 돈을 주주에게 배당금으로 지급합니다. 주주는 이렇게 투자에 대한 보상을 받죠.

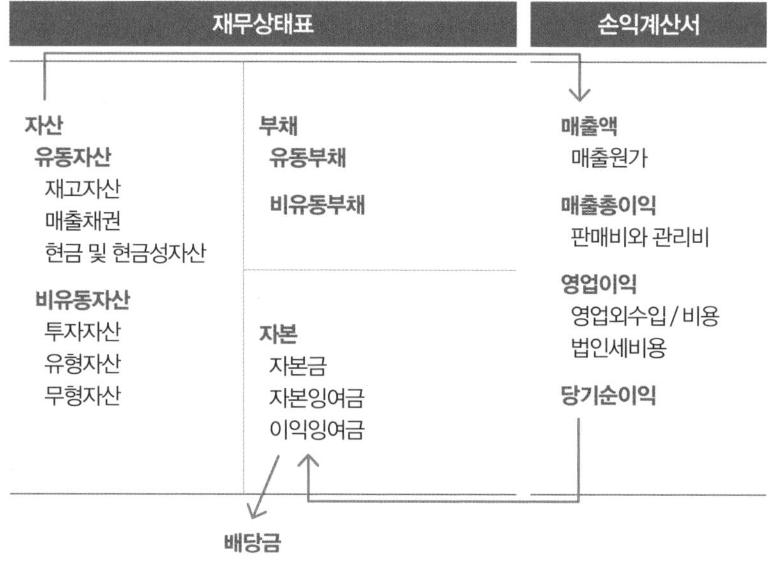

기업에 이익잉여금이 쌓이면 주당순자산이 증가합니다. 아무리 기업 상태와 주식시장이 직접적인 관계가 없다고 하더라도 주가는 장기간에 걸쳐 자본의 가치에 수렴합니다. 어느 기업의 주당순자산이 1만 원이었는데 이익잉여금이 쌓여서 주당순자산이 2만 원이 되었다고 가정해보죠. 원래 주가가 1만 원이었는데 주당순자산 가치가 2배 증가했다고 주가도 2배가 되면 좋겠지만 시장은 그렇게 단순하지 않습니다. 이때 주주들은 답답해하기 시작합니다. 그런데 주당순자산이 10만 원이 되었는데도 주가가 1만 원에 머물러 있을 수 있을까요? 게다가 배당금도 1만 원씩 준다면 어떨까요? 이때 주가는 기업의 가치에 수렴해서 결국 올라갈 수밖에 없습니다. 시장은 단기적으로 보면 멍청하지만 장기적으로 보면 똑똑합니다. 이를 두고 워런 버핏은 주식시장이 단기

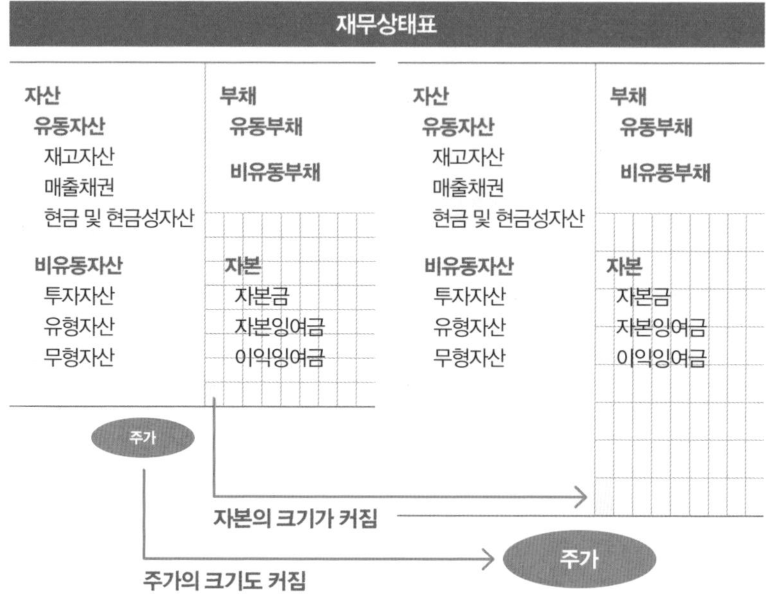

로는 투표기계지만, 장기로는 체중계라고 했지요. 따라서 기업 가치 상승은 결국 주가 상승으로 이어지고, 이때 주주는 주식을 매도하여 상승한 가격만큼의 시세차익을 얻을 수 있습니다.

살펴본 바와 같이 주식투자로 돈을 버는 방법은 배당금과 시세차익 2가지입니다. 어떤 방법이든 간에 그 근본은 기업의 가치에 있습니다. 그리고 기업 가치는 어떤 재무상태로 사업에 투자하여 어느 정도의 손익을 만들어내느냐에 달려 있지요. 결론적으로 주식투자로 돈을 벌기 위해서는 그림자인 주가가 아닌 본질인 기업의 재무상태와 돈 버는 과정을 제대로 알아야 합니다.

월급쟁이 부자를 위한 투자 노트

투자하기 전 꼭 알아야 할 5가지 투자 지표

앞에서 재무상태표와 손익계산서를 통해 기업의 이익이 어떻게 투자자의 이익으로 이어지는지를 이해했다면, 여기서는 2가지 표를 이용해 투자할 만한 기업인지 평가하기 위해 사용하는 투자 지표에 관해 알아보겠습니다.

기업 가치를 가늠할 수 있는 BPS와 EPS

기업의 자산에서 주주의 몫은 '자본'만큼입니다. 나머지는 부채를 통해 자금을 조달한 채권자의 몫입니다. 자본은 기업이 소유한 돈이고 부채는 외부에서 빌린 돈입니다. 채권자의 권리는 주주의 권리보다 앞서며, 회사를 청산하는 경우 채권자에게 먼저 채무 이행을 완료해야 합니다. 그다음 잔여자산에 대해 주주에게 주식 지분만큼 분배합니다. **이 자본을 발행주식의 수만큼 잘게 쪼갠 것을 BPS**Bookvalue Per Share**(주당순자산가치)라고 합니다.**

기업은 자산을 이용해 상품이나 서비스를 판매하고 매출액을 발생

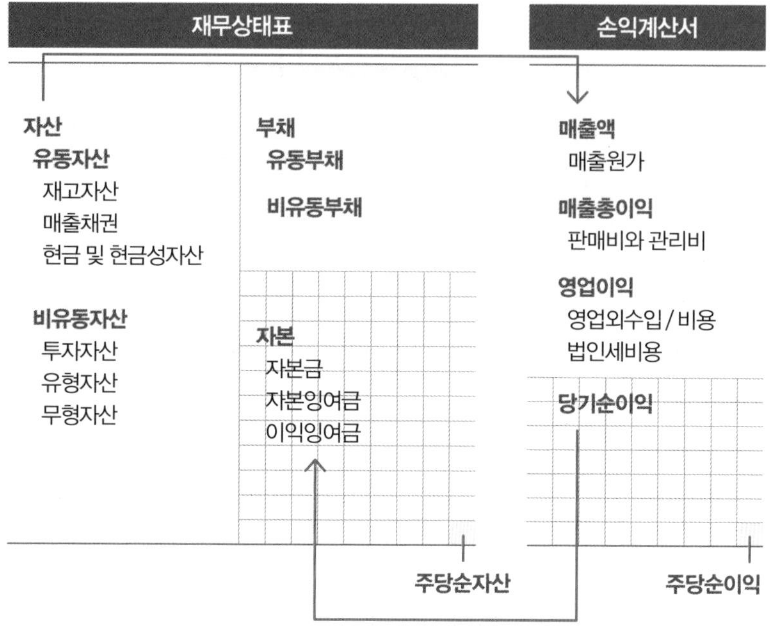

시킵니다. 매출액에서 매출원가와 판관비를 빼고 법인세와 기타비용을 내고 나면 당기순이익이 남습니다. 실질적으로 기업으로 회수되는 돈은 바로 이 당기순이익입니다. 당기순이익을 주식 개수만큼 잘게 쪼개면 EPSEarning Per Share(주당순이익)가 됩니다.

주식시장에서는 매일 주식이 사고팔리면서 주식의 가격이 형성됩니다. 이 가격에 발행된 주식의 총수를 곱하면 기업의 '시가총액'이 됩니다. 반대로 시가총액을 주식 개수만큼 나눈 것이 '주가'Price입니다.

엄밀히 따지면 주가는 재무상태표의 BPS나 손익계산서의 EPS와 큰 연관이 없습니다. 다만 장기적으로 주가는 기업 가치에 수렴하게 되어 있죠. 그래서 주가를 누군가는 그림자로, 누군가는 줄에 묶인 강아지로 비유하기도 합니다. 유럽의 워런 버핏으로 불리는 앙드레 코스톨라니는 "산책할 때 개는 주인과 나란히 가지 않고 주인을 앞지르거나 뒤처지거나 옆으로 가기도 하지만 결국 주인에게 돌아온다."라는 유명한 증시 격언을 남겼습니다.

다시 정리해보면 주주는 자본을 기업에 조달하고, 기업은 자본으로 마련한 자산을 이용하여 이익을 만들어냅니다. 그리고 주식은 장기적으로 보면 기업 가치에 따라서 주가가 형성되어 주식시장에서 거래됩니다. 여기서 자본, 이익은 단위가 너무 크기 때문에 이를 주가와 비교 분석하기 위한 투자 지표가 바로 BPS(자본)와 EPS(이익)인 것입니다.

BPS = 순자산 / 주식 수

EPS = 순이익 / 주식 수

Price = 시가총액 / 주식 수

때문에 이 3가지 기초 지표를 모르고 주식투자를 하는 것은 '엑셀, 브레이크, 핸들'이 뭔지 모르고 자동차를 운전하는 것이나 다름없습니다.

얼마나 돈을 잘 버는 기업인지 보여주는 ROE

주주 입장에서 가장 중요하게 생각해야 할 것은 투자금 대비 얼마만큼의 이득을 얻을 수 있느냐는 것입니다. 이를 점검하기 위해서는 기업의 수익성을 나타내는 지표 중 하나인 ROEReturn On Equity(자기자본이익률)를 봐야 합니다. ROE는 주주가 갖고 있는 지분에 대한 이익의 창출 정도를 나타낸 지표로, ROE가 높다는 것은 자기자본에 비해 당기순이익을 많이 내 효율적인 기업활동을 했다는 것을 의미하죠. 그러므로 이 수치가 높은 종목일수록 투자수익률이 높다고 볼 수 있기 때문에 주식투자의 중요한 지표가 됩니다.

기업에 자본을 투자해서 얻을 수 있는 보상이 은행이자보다는 높아야 투자의 명분이 생깁니다. 위험 없이 얻을 수 있는 은행이자가 2%인데 주식투자 보상이 3%라면 굳이 위험한 주식투자를 할 필요가 없는 거죠. 정신적 에너지까지 소모되므로 가성비가 떨어지는 투자 행위입니다. 그러므로 ROE가 가능한 높으면 좋겠지만 최소한 은행이자의 2배는 넘어야 투자할 가치가 있다고 생각합니다.

자본과 이익, 주가의 상관관계를 보여주는 PBR과 PER

주식투자자는 주가에 가장 관심이 많습니다. 왜냐하면 주식을 매수하거나 매도할 경우에 적정한 가격을 알아야 하기 때문이죠. 그래서 주가를 자본, 이익과 비교하여 평가하기 위한 지표를 활용합니다. 주가를 자본으로 나눈 것을 PBRPrice to Book value ratio(주가순자산비율), 주가를 이익으로 나눈 것을 PERPrice to Earning ratio(주가수익비율)이라고 부릅니다.

자본(BPS)과 시가총액(주가)이 동일하다면 PBR은 1입니다. 보통 PBR 1을 이상적으로 생각하지만 주식시장은 이상적이지 않습니다.

미래가치에 프리미엄을 더하기도 하고, 무형자산의 가치 판단이 달라질 수도 있기 때문에 PBR은 1보다 높거나 낮을 수 있습니다.

시가총액(주가)이 이익(EPS)보다 10배 정도 크다면 PER은 10입니다. 예를 들어 1주당 1만 원짜리 주식이 매년 1,000원의 순이익을 만들어 자본을 늘려준다면 PER은 10입니다. 보통 주식시장에서는 기대수익률이 10% 내외이기 때문에 PER 10을 기준으로 삼곤 합니다. 그러나 PER에도 여러 가지 전망과 기대 그리고 절망이 뒤섞이기 때문에 PER은 5가 되기도 하고 20을 넘기도 합니다.

이렇게 자본(BPS)과 이익(EPS) 그리고 시가총액(주가)을 이용하여 ROE, PBR, PER이라는 지표를 확인할 수 있습니다.

ROE = EPS / BPS

PBR = Price / BPS

PER = Price / EPS

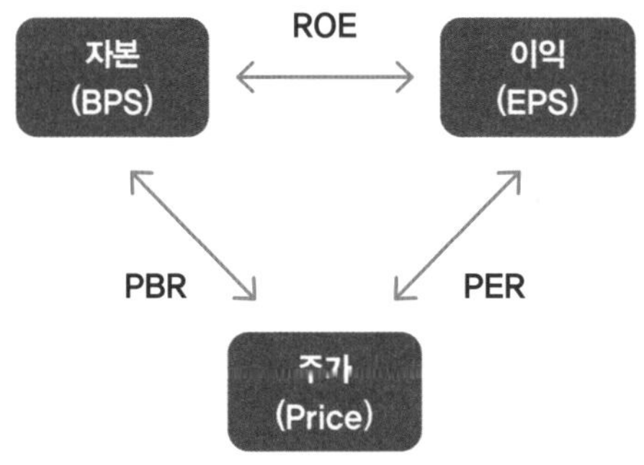

특히 PER과 PBR은 기업이 속한 산업에 주어지는 기대치, 기업의 향후 전망, 경제 이벤트 등 복합적인 요소에 의해 만들어지기 때문에 이를 잘 파악하여 적정한 매매가를 찾는 것이 노하우입니다. 단 적정한 매매가를 찾기 전에 우선시해야 하는 것은 ROE가 높은 기업, 그리고 앞으로도 높게 유지할 수 있는 능력을 갖춘 기업을 찾는 것이죠. 내가 투자한 자본을 이용해 꾸준히 돈을 잘 버는 기업이라면 장기간에 걸쳐 주가도 높아질 것이고 배당금을 지급할 여력도 충분할 겁니다.

바쁜 직장인 투자자를 위한 원페이지 정리

✔ 부자가 되고 싶은 직장인은 주식투자가 답이다

직장인이 소액의 자금으로 연 10%의 안정적인 수익률을 얻기 위한 방법으로는 주식투자가 가장 현실적이다. 부동산투자는 변동성이 작고 비교적 큰 레버리지를 사용할 수 있다는 점에서는 이점이 있다. 다만 초기 투자금액이 크고 환금성이 낮기 때문에 유연한 투자가 어렵다.

✔ 가장 현실적이고 계획적인 목표를 세워라

개인투자자가 꾸준히 거둘 수 있는 수익률은 지극히 한정적이다. 이런 사실을 받아들이지 않고 뚜렷한 목적과 계획 없이 주식투자를 하면 매일 오르락내리락하는 주가만 바라보다 허송세월하게 된다. 그러다 정작 손에 쥔 것은 없이 쓸쓸하게 주식시장을 퇴장해야 할 수도 있다.

✔ 재무상태표와 손익계산서 속에 수익률이 숨어 있다

주식투자로 돈을 벌기 위해서는 주가의 높고 낮음에 집착해서는 안 된다. 수익을 높이기 위해서는 그림자인 주가가 아닌, 본질인 기업의 재무상태를 제대로 파악해야 한다. 재무상태표와 손익계산서를 이해하기 위한 투자의 기초체력을 키워놓고 스스로 파악할 수 있게 된 후에 투자해야 실패하지 않는다.

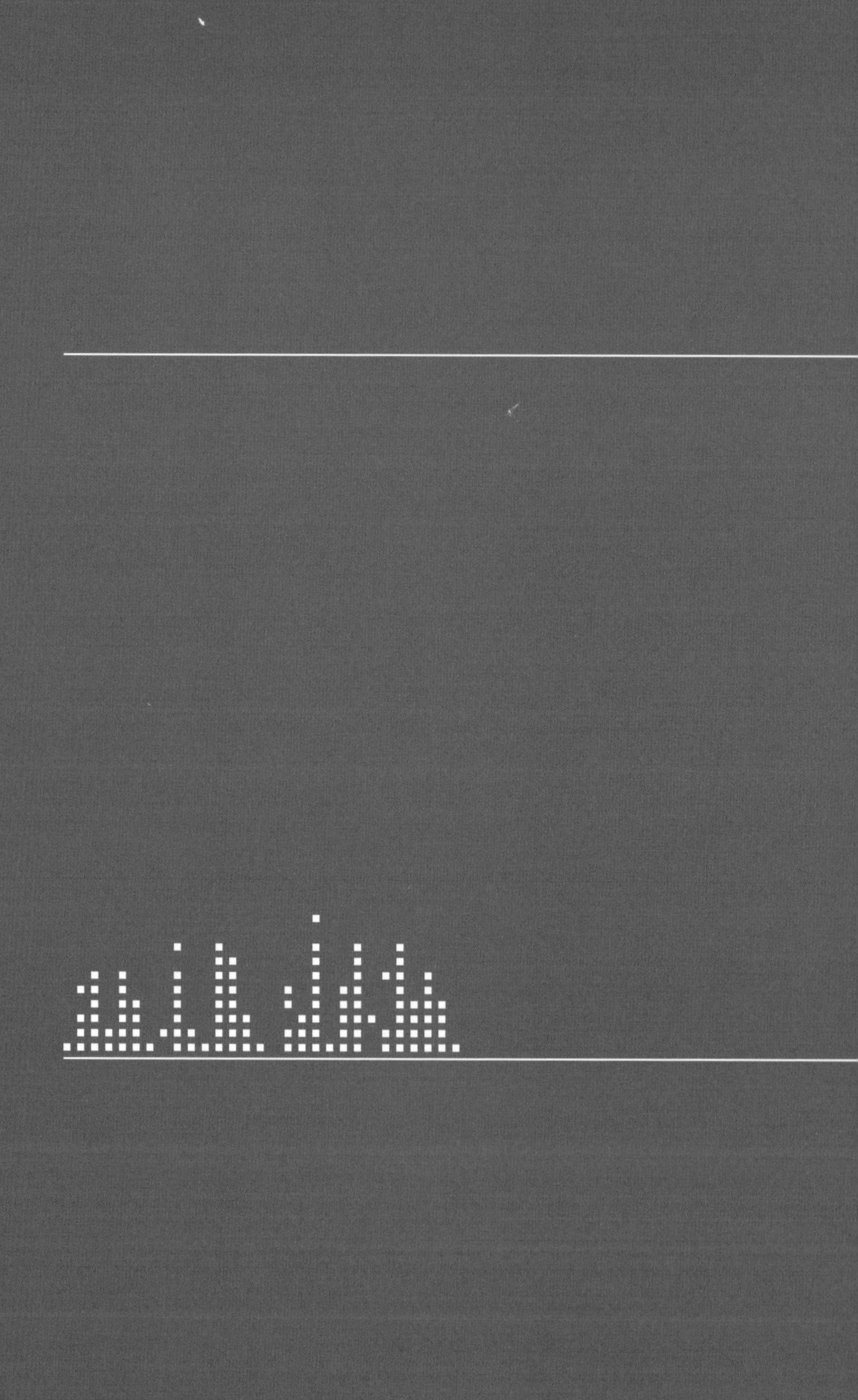

제3장

돈 잘 버는 기업을 찾는 마법의 ROE 투자법

"평범한 기업의 주식을 싼값에 사려 하지 말고
좋은 기업의 주식을 제값 주고 사라."

_워런 버핏

돈 잘 버는 기업을 고르는 3가지 도구

직장인에게 가장 알맞은 투자 방법은 무엇일까요? 대부분의 직장인은 투자에 쏟을 수 있는 시간이 충분하지 않습니다. 대개 회사에서 하루 8시간 동안은 일해야 하고, 점심시간 1시간과 출퇴근 1시간까지 더하면 최소 10시간을 회사생활에 써야 합니다. 여기에 업무 특성에 따라서 야근이 더해지면 12시간도 넘게 회사 일에 매달려야 합니다. 게다가 주식 거래가 가능한 시간이 근무시간과 겹치기 때문에 2가지를 동시에 하기란 쉽지 않습니다.

그래서 제가 생각하는 직장인에게 가장 알맞은 투자 방법은 좋은 기업을 찾는 데 노력과 시간을 들인 후, 그 기업의 지분인 주식을 사놓고 장기간 지켜보며 성과를 나눠 갖는 것입니다. 여기서 좋은 기업이란 내가 투자하는 자본 대비 이익을 꾸준히 잘 만들어내는 기업입니다. 이런 기업의 지분을 보유하고 있다면 빈번하게 기업의 상태를 살펴볼 일도 없고 매일 주식을 사고팔 필요도 없습니다.

10년 치 ROE를 보면 돈 잘 버는 기업이 보인다

자본 대비 이익을 잘 만들어내는 기업인지 아닌지를 판단하는 방법은 자본대비수익률인 ROE를 확인하는 것입니다. **기업이 한 해 동안 벌어들인 이익을 기업의 순자산으로 나눈 것을 ROE라고 합니다.** 마찬가지로 주당순이익EPS을 주당순자산BPS으로 나누어서 ROE를 계산할 수도 있습니다. 기업이 높은 ROE를 유지하기 위해서는 분자인 순이익을 증가시키거나, 분모인 순자산을 주주환원 등을 통해서 줄여야 하죠. 이처럼 ROE를 통해서 내가 보유한 주식이 얼마나 효율적으로 자산을 사용하고 이익을 만드는지 확인할 수 있습니다.

결과적으로 좋은 기업을 찾는 방법은 'ROE가 높은 기업을 찾아내는 것'입니다. 이왕이면 순이익이 점점 증가하면 더 좋고요. 그런데 여기서 주의해야 할 점이 있습니다. 단순히 한 해 동안의 ROE로 기업을 판단해서는 안 된다는 점입니다. 기업의 순이익은 변동 폭이 크기 때문이죠. 그리고 순이익은 기업이 영업활동을 통해 벌어들이는 영업이익으로만 이루어지지 않습니다. 금융투자를 통해 수익을 얻거나 자산을 처분하면서 수익을 얻는 경우처럼 영업외수입 또는 비용이 존재합니다. 이런 예외적인 변수들이 작용한 경우는 지속되는 것이 아니기 때문에 앞으로도 동일한 수준의 ROE를 유지할 수 있을지는 장담할 수 없습니다.

따라서 ROE를 확인할 때는 단기간이 아닌 장기간의 추세를 확인해야 합니다. 저는 기업을 평가할 때 최소 5년에서 10년 동안의 ROE를 확인합니다. 10년이면 장기간이랄 수 있고 데이터 역시 인터넷상에서 쉽게 얻을 수 있습니다. 기업의 10년 치 지표는 아이투자(itooza.com) 혹은 증권사의 홈트레이딩시스템HTS; Home Trading System에서도 얻을 수 있습니다. 미국 주식의 경우에는 스톡로우(stockrow.com)나 마켓비트(marketbeat.com) 등을 통해서 확인할 수 있습니다.

이렇게 얻은 10년 치 ROE의 중간값을 구합니다. 평균이 아닌 중간값을 사용하는 이유는 특정한 한 해에 반짝 상승하거나 혹은 하락하는 경우로 인해 평균값이 나머지 연도의 실적과 크게 달라지는 것을 방지하기 위해서입니다. 앞서 말했듯 예외적인 변수가 작용한 결과를 최대한 걸러내는 것입니다. 마이크로소프트 엑셀이나 구글 스프레드시트의 'MEDIAN' 함수를 사용해 쉽게 구할 수 있죠. 예를 들어 삼성전자의 지난 10년간 ROE와 중간값은 아래와 같습니다.

삼성전자의 연도별 ROE와 중간값(최근 10년)

종목 \ 연도	2011	2012	2013	2014	2015	2016	2017	2018	2019	2020	중간값
삼성전자	13.8	19.8	20.7	14.2	10.8	12.0	20.0	18.3	8.4	9.8	14.0

앞의 표를 보면 알 수 있듯이 삼성전자의 지난 10년간 ROE의 중간값은 14%입니다. 그렇다면 이 기업은 제가 투자한 자본을 이용하여 장기간 10%가 넘는 이익을 만들어내고 있으니 충분히 좋은 주식이라고 판단할 수 있습니다.

코나아이의 연도별 ROE와 중간값(최근 10년)

종목 \ 연도	2011	2012	2013	2014	2015	2016	2017	2018	2019	2020	중간값
코나아이	32.3	17.5	15.4	14.5	14.3	-0.7	-26.7	-54.7	-11.1	19.8	14.4

위의 표에서 볼 수 있듯이 코나아이는 10년간의 ROE 중간값이 삼성전자와 비슷한 수준의 회사입니다. 그러나 이 회사를 투자하기 좋은 기업이라고 할 수 있을까요? 그렇지 않습니다. 왜냐하면 기업의 실적이 매해 들쑥날쑥하기 때문입니다. 2015년까지는 10%가 넘는 ROE를 기록했지만, 이후 2019년까지 적자가 나면서 4년 동안 마이너스 ROE를 기록했습니다.

물론 이 기업의 향후 전망이 나쁠 거라고 예측하는 것은 아닙니다. 다만 기업의 실적을 가늠하기 어렵고 언제 다시 적자를 기록할지 모르기 때문에 투자 기간 동안 신경을 많이 써야 하고 마음이 불편한 상태가 이어질 수 있습니다. 따라서 이런 기업에 투자하면 에너지와 시간 소모가 커질 수 있으므로 직장인에게는 효율적인 투자 대상이 아닌 거죠.

ROE 표준편차와 샤프지수로 꾸준히 성장하는 기업 찾기

예로 든 두 기업처럼 ROE의 중간값은 비슷하나 꾸준한 실적을 기대할 수 있는 기업인지 아닌지를 정량적으로 비교하기 위해서는 '표준편차'를 이용하면 됩니다. 표준편차는 관측되는 값이 얼마나 흩어져 있는지 그 정도를 나타내는 값입니다. 엑셀이나 구글 스프레드시트에서 'STDEV' 함수로 구할 수 있습니다.

삼성전자와 코나아이의 표준편차값 비교(최근 10년)

종목 \ 연도	2011	2012	2013	2014	2015	2016	2017	2018	2019	2020	표준편차
삼성전자	13.8	19.8	20.7	14.2	10.8	12.0	20.0	18.3	8.4	9.8	4.6
코나아이	32.3	17.5	15.4	14.5	14.3	-0.7	-26.7	-54.7	-11.1	19.8	26.2

그럼 비교해 살펴보죠. 지난 10년간 ROE 기록에서 삼성전자의 표준편차는 4.6이고, 코나아이의 표준편차는 26.2입니다. ROE의 중간값은 비슷할지라도 삼성전자는 음의 방향으로 ROE가 줄어도 플러스 ROE를 유지하는 반면, 코나아이는 ROE의 변동 폭이 마이너스 ROE를 만들 정도입니다. 이처럼 ROE가 비슷한 기업이라고 해도, 두 기업이 실적 변동에 어느 정도 차이가 있는지 표준편차를 통해 단번에 알 수 있습니다.

장기간 꾸준히 돈을 잘 버는지와 관련해 여러 기업들을 쉽게 비교하려면 샤프지수Sharp Ratio를 활용하면 됩니다. 샤프지수는 포트폴리오 수익률에서 무위험자산의 수익률을 차감한 값을 포트폴리오 수익률의 표준편차로 나누어 계산하는 방법입니다. 이를 통해 위험 단위당 어느 정도 초과수익을 달성했는지를 측정할 수 있으며, 이 값이 클수록 성과가 우수하다고 여겨집니다. 이와 유사하게 ROE의 장기간 중간값과 표준편차를 이용하여 기업이 얼마나 안정적이면서도 꾸준하게, 자본을 효율적으로 사용하여 돈을 잘 벌고 있는지 확인할 수 있습니다.

ROE 샤프지수 = ROE 중간값 / ROE 표준편차

위의 공식대로 계산하면 삼성전자는 3.1이고 코나아이는 0.5입니다. 따라서 삼성전자가 더 안정적으로 꾸준하게 장기간 이익을 유지하는 기업이라 평가할 수 있죠. 이렇게 ROE뿐만 아니라 장기간의 ROE 샤프지수가 높은 종목에 투자한다면, 비교적 적은 에너지와 시간을 들이면서 마음 편한 투자를 할 수 있습니다.

투자수익률은 ROE로 만들어진다

기업 가치는 자본에 수렴하며 자본이 증가하려면 꾸준한 이익이 발생해야 합니다. 결국 주가는 기업의 자본가치에 비례해서 상승하게 마련입니다. 따라서 주식투자에서 **가장 중요하게 봐야 할 것은 자본이 증가하는 속도입니다.** 기업의 자본이 증가하는 속도는 자본 대비 이익이 얼마씩 증가하느냐로 알 수 있습니다. 앞서 살펴본 ROE가 그 지표죠.

돈을 잘 버는 기업이란 ROE가 높은 기업입니다. 기업의 자본 규모가 아무리 커도 이익이 작다면 성장성이 낮기 때문에 시장의 평가도 낮아집니다. 반면 자본 대비 이익이 큰 기업은 성장 속도가 빠르기 때문에 시장에서 주가가 높게 형성될 수 있는 거죠.

ROE의 지속력이 곧 기업의 경쟁력이다

높은 ROE를 지속적으로 유지하는 것이 기업 입장에서는 쉽지 않습니다. 자본 대비 이익이 큰 사업이라면 그 수익을 얻기 위한 경쟁자가 반드시 생기기 때문입니다. 시간이 갈수록 경쟁 속에서 기업의 이익은 줄어들 수밖에 없죠. 그럼에도 불구하고 **장기간 높은 ROE를 유지한다는 것은 그만큼 '경제적 해자', 즉 높은 진입장벽과 배타적인 경쟁우위가 있다는 것을 뜻합니다.** 그 해자는 코카콜라처럼 강력한 브랜드일 수도 있고, 삼성전자가 지닌 기술력일 수도 있고, KT&G와 같이 국가에서 얻은 사업 허가권일 수도 있습니다. 무엇이

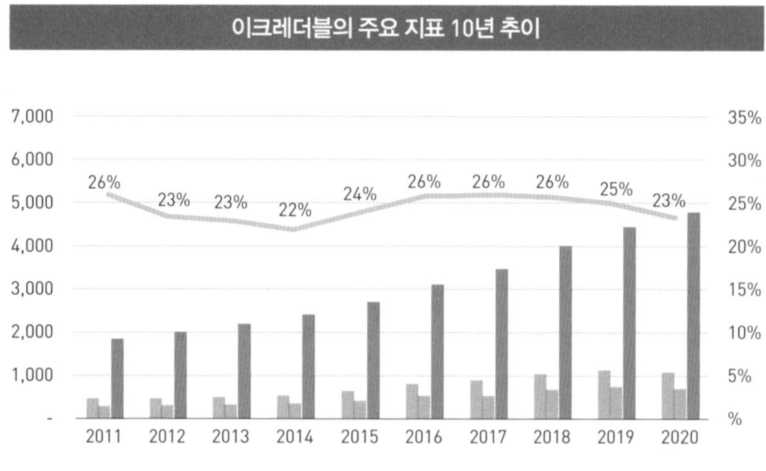

결산월 변경으로 2011년과 2012년은 9월 기준. 주가는 결산월 종가 기준.

되었든 장기간 높은 ROE는 기업이 갖는 경쟁력을 나타냅니다.

옆의 그래프는 제가 보유한 주식 중 큰 비중을 차지하는 이크레더블의 EPS, BPS, ROE 그리고 주당배당금DPS; Dividend Per Share을 보여주고 있습니다. 이크레더블의 주요 사업 내용은 기업의 신용 조회 및 인증을 제공하는 것입니다. 신용인증업은 국가의 허가를 받아야 하기 때문에 강력한 해자를 갖고 있죠. 이런 이점은 장기간 유지되고 있는 높은 ROE를 통해서 확인할 수 있습니다.

자본이 증가할수록 주가는 상승한다

이크레더블은 오랜 기간 높은 ROE를 유지하며 매년 이익을 얻고 있습니다. 이렇게 얻은 이익에서 주주에게 지급하는 배당금을 제외하고 남은 돈은 자본으로 쌓여서 BPS가 늘어납니다. 그리고 궁극적으로 주가의 상승으로 이어집니다. 이를 간단하게 수식으로 표현하면 아래와 같습니다.

$$\text{EPS} - \text{DPS} \propto \Delta\text{BPS} \fallingdotseq \Delta\text{Price}$$

※ ∝ : 비례관계, Δ : 변화량

다음 페이지의 표는 이크레더블의 지난 10년간 ROE, EPS, DPS,

이크레더블의 BPS와 주가의 연평균성장률(최근 10년)					
연도	ROE	EPS	DPS	BPS	주가
2011	26%	472	290	1,845	6,170
2012	23%	467	300	1,994	6,480
2013	23%	495	320	2,199	7,100
2014	22%	537	350	2,416	8,500
2015	24%	647	420	2,714	9,710
2016	26%	817	530	3,111	13,200
2017	26%	905	530	3,486	14,550
2018	26%	1,040	670	3,996	15,700
2019	25%	1,134	740	4,460	18,550
2020	23%	1,084	700	4,804	23,500
연평균성장률				11%	16%

결산월 변경으로 2011년과 2012년은 9월 기준. 주가는 결산월 종가 기준.

BPS 그리고 연말 기준 주가를 나타낸 표입니다. 높은 ROE를 유지하며 배당금을 제외한 이익이 자본으로 쌓이면서 BPS가 점차 증가하고 있는 게 보일 겁니다. 이크레더블의 지난 10년간 BPS의 연평균성장률은 약 11%이며, 주가 역시 연평균성장률이 16%로 꾸준히 상승했습니다.

모든 기업이 이크레더블처럼 BPS 증가율과 주가 상승률이 비슷하게 맞아떨어지지는 않습니다. 그러나 꾸준히 돈을 잘 버는 기업의 BPS 증가와 주가 상승은 대개 비례하는 것을 볼 수 있어요. 결국 우리가 주식투자로 돈을 벌기 위해서는 ROE가 꾸준히 유지되거나 상승했고, 앞으로도 경쟁우위를 가질 기업을 찾는 일을 우선해야 합니다.

좋은 주식을 싸게 사는 마법공식 투자법

높은 투자수익률을 얻기 위해서는 돈을 잘 버는 기업, 즉 ROE가 높은 기업의 주식을 매수해야 한다고 강조했습니다. 그런데 보통 ROE가 높은 기업은 주식의 가격이 높게 형성되어 있죠. 당연한 이야기입니다. 내가 보기에 좋은 주식은 남들에게도 좋아 보이게 마련이니까요. 그러므로 투자 수익의 극대화를 위해서는 이런 좋은 주식을 '싸게' 매수할 수 있는 방법이 필요합니다.

고담캐피털 창립자이자 투자의 대가인 조엘 그린블라트는 자신의 저서 《주식시장을 이기는 작은 책》에서 돈 잘 버는 좋은 주식을 싸게 사는 방식을 반복하여 큰 수익을 얻는 투자 방법인 '마법공식'Magic Formula을 소개했습니다. 자본수익률이 높은 기업 중에서 이익수익률이 높은 기업을 매수하는 것이 마법공식의 핵심입니다. 여기서 자본수익률이란 기업이 보유한 자본 대비 얼마를 버느냐를 의미하고, 이익수익률이란 시가총액처럼 기업이 받는 평가 대비 얼마를 버느냐를 나타냅니다.

종목 선정 노하우를 정량화시킨 마법공식

저자는 이 책에서 자본수익률은 생산 및 영업활동에 투자한 자본을 통해 어느 정도 이익을 거두었는지를 나타내는 투하자본수익률ROIC; Return On Invested Capital을 사용했습니다. 그리고 이익수익률은 세전 영업이익EBIT; Earning Before Interest, Taxes을 시가총액에 순차입금(차입금-현금)을 더한 기업 가치EV; Enterprise Value로 나눈 EBIT/EV 값을 사용했죠. 그러나 이 두 지표는 개인투자자에게 조금 낯설 뿐만 아니라 그 값을 구하기 어려운 개념입니다. 대신 이를 손쉽게 얻을 수 있는 지표인 ROE(≒ROIC)와 PER(≒EV/EBIT)의 역수로 대체할 수 있습니다.

ROE에 대해서는 앞에서 핵심적 내용을 충분히 살펴보았습니다. PER은 'Price/EPS'로 기업이 벌어들이는 이익 대비 주가가 몇 배로 형성되어 있는지를 나타냅니다. 예를 들어 A란 기업의 주가가 1만 원인데 EPS가 1,000원이라면 PER은 10입니다. B란 기업의 주가가 동일하게 1만 원인데 EPS가 2,000원이라면 PER은 5입니다. 기업 B가

버는 돈이 더 많은데 주식의 가격은 동일하니 B 주식이 더 좋다고 할 수 있겠습니다. 즉 PER이 낮은 기업이 이익수익률이 높다고 할 수 있는 것이죠.

조엘 그린블라트는 자본수익률(≒ROE)이 높은 순서로 순위를 매기고, 이익수익률(≒1/PER)이 높은 순서로 순위를 매겨서 그 합의 순위가 높은 상위 주식들을 기계적으로 매수해 정해진 기간 후에 매도하는 방법을 제시했습니다. 예를 들어 일정한 금액으로 매월 3종목씩 매수합니다. 매수한 종목은 1년 후에 이익과 손실에 상관없이 무조건 매도합니다. 이러면 매매 종목의 개수는 분기마다 9개 혹은 1년마다 36개가 될 수 있습니다.

이런 방식으로 좋은 기업을 상대적으로 저렴한 가격에 분산투자할 수 있고, 모든 종목이 수익을 내지 못한다 해도 전체적으로 좋은 수익률을 얻을 수 있습니다. 무엇보다 자신이 정해놓은 매매 방식을 꾸준히 유지하는 게 중요합니다.

지표만 보는 퀀트 투자의 수익률이 낮아진 이유

이렇게 단순히 지표에 의해서 사고파는 투자 방식을 '퀀트 투자'라고 합니다. 퀀트 투자의 방식은 주식 매수에 투자자의 주관적인 의견이 필요하지 않고, 단순히 지표만 이용해서 투자하기 때문에 투자에

코스피, 코스닥 대비 마법공식 포트폴리오 누적수익률

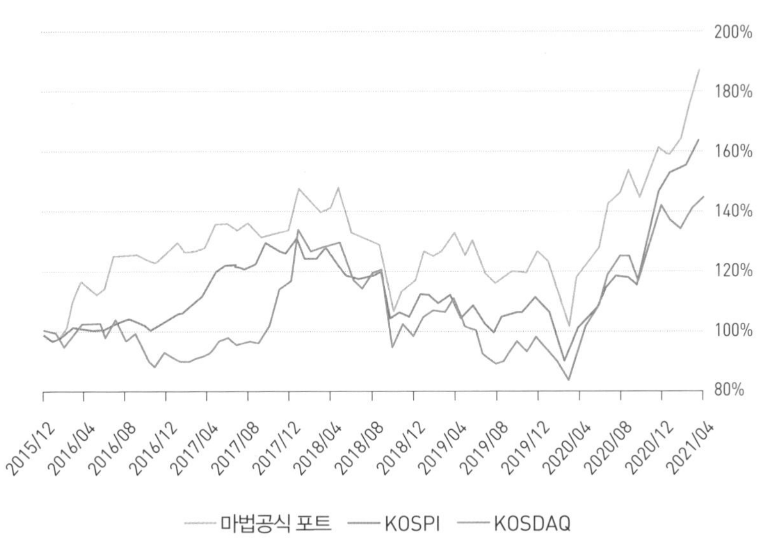

대한 고민을 크게 줄일 수 있습니다. 다만 최근에는 이런 가치 지표를 이용한 투자의 성과가 기대만큼 좋지는 않습니다.

마법공식으로 초과수익을 얻는 방식은 수익성은 높은데 투자자에게 관심을 받지 못해 주가가 저렴한 기업의 주식을 매수해서 이후에 적절한 평가를 받게 되면 알파 수익을 취하는 것입니다. 그런데 요즘은 과거에 비해서 정보처리 기술이 발달해서 누구나 기업의 재무 데이터를 손쉽게 구하고 가공하여 투자할 수 있습니다. 성과가 좋으면서 주가가 저렴한 기업이 빨리 발굴되고 있는 것이죠. 따라서 큰 알파 수익을 얻을 수 있는 기회는 상대적으로 줄어들고 있는 것 같습니다.

이런 이유 때문인지 저의 마법공식 계좌는 지난 5년간 조엘 그린블라트의 책에서 제시한 연평균 40%의 경이로운 수익률과는 거리가 먼 10% 중반 수준의 수익률을 기록하고 있습니다. 아마도 한국시장에 자본수익률이 높은 기업이 미국에 비해 월등히 적은 이유도 있을 것입니다. 비록 기대보다는 못한 수익률이지만 자본수익률이 높은 기업 중에서 이익수익률이 높은 기업을 고른다는 간단명료한 개념 자체는 기초적이지만 큰 도움이 되고 있습니다. 투자할 주식을 고를 때 사용할 수 있는 좋은 스크리닝 도구라고 생각합니다. 한편으론 자금 운영 측면에서 볼 때 매월 사고팔 때마다 시세차익에 의한 현금흐름을 만들어낼 수 있다는 장점도 갖고 있습니다.

적정 주가를 판단하는 2가지 방법

장기간 꾸준히 돈을 잘 버는 기업을 찾은 다음에는 어떻게 해야 할까요? 적정한 매수가를 정해야 합니다. 사실 투자에서 이 부분이 가장 애매하고 어렵습니다. 그러나 좋은 기업을 찾는 것만큼이나 적정한 주가에 사는 것도 수익률에 큰 영향을 미칩니다. 가장 기본적인 주가 평가 방법은 시가총액 대비 순자산을 비교하는 PBR과 시가총액 대비 순이익을 비교하는 PER을 살펴보는 것입니다.

모든 주식에 대해 천편일률적으로 특정한 값의 기준을 들이댈 수는 없습니다. 왜냐하면 해당 주식이 속한 국가의 경쟁력과 산업 환경 그리고 향후 전망에 의해서 '멀티플'Multiple은 변하기 때문입니다. 멀티플은 기업의 미래 가치에 대해 투자자가 부여하는 가중치로 통상적으로 PER, PBR 등의 지표에 적용합니다. 예를 들어 두 기업이 동일하게 PBR 2라고 하더라도 향후 성장 가능성이 큰 기업이라면 주가가 싸다고 할 수 있습니다. 그리고 더 이상 성장의 여지가 없을 뿐 아니라 전망 없는 산업에 속한 기업이라면 PBR 1조차도 비싸다고 할 수 있죠.

PBR과 PER의 추이로 적정 주가 찾기

이렇게 각 기업이 처한 환경과 전망이 다르기 때문에 기업 간 단순 비교는 어렵습니다. 하지만 한 기업이 갖는 장기간의 PBR과 PER 추이는 매수할 주가를 판단하는 힌트가 될 수 있습니다. 모든 것이 시간이 지나면서 변하듯이 기업의 사업 환경도 변하게 마련입니다. 신사업을 시작하여 더 큰 성장의 기회를 얻을 수도 있고 잘못된 방향으로 들어서서 쇠락의 길을 걸을 수도 있지요. 이런 부분은 투자자가 장기간 지켜보면서 파악해야 합니다. 그러나 지속적으로 돈을 잘 버는 기업의 사업 환경이 1~2년 내에 급작스럽게 변하는 경우는 드뭅니다. 때문에 **지난 몇 년간 기업이 기록해온 자산 대비 혹은 이익 대비 주가를 통해서 현시점에서 기업이 고평가되어 있는지 저평가되어 있는지 가늠해볼 수 있습니다.**

예를 들어 LG생활건강의 경우 매년 매출과 순이익에서 신기록을 경신하고 있습니다. 우수한 실적과 뛰어난 경영진의 리더십으로 항상 높

LG생활건강의 PBR과 중간값(최근 10년)

종목 \ 연도	2011	2012	2013	2014	2015	2016	2017	2018	2019	2020	중간값
LG생활건강	7.6	8.5	6.1	5.9	8.1	5.3	6.2	4.9	4.8	5.3	6.0

은 멀티플을 받아왔습니다. 지난 10년간 PBR의 중간값은 6입니다. 이는 주식시장에서 기업의 순자산 가치의 6배에 달하는 가격으로 평가받고 있다는 의미입니다.

일반적인 기준으로 LG생활건강의 주가를 보면 높은 멀티플 때문에 매수할 엄두를 못 낼 수도 있어요. 하지만 높은 멀티플을 받고 있다는 것은 향후에도 성장이 기대된다는 의미입니다. 따라서 이런 경우에는 단순히 멀티플의 절대값이 아닌, 기업의 지난 데이터와 비교하여 상대적으로 현재 주가의 높고 낮음을 가늠할 수 있습니다. 만약 2020년 기준으로 LG생활건강의 PBR이 5.3이라면 이는 종전의 주가에 비해 상대적으로 낮아진 상태라고 볼 수 있습니다. 이럴 때 투자자는 낮아진 멀티플로 매수 기회를 포착할 수 있는 것이지요.

다만 그 전에 먼저 확인해야 할 것이 있습니다. 기업이나 기업이 속한 산업의 전망에 문제가 있는지 여부입니다. 기업은 언제든지 재정상 손실을 입거나 추후 이익이 낮아질 위험에 처할 수 있습니다. 하지만 이와 같은 뚜렷한 이유 없이 단순히 전체적인 시장의 하락이나 일시적인 이벤트로 인해 주가가 낮아진 상태라면 매수 기회로 삼아야 합니다.

ROE와 PER을 비교해 적정 주가 찾기

적정 주가를 판단하는 다른 방법으로 ROE와 PER을 이용할 수 있습니다. PER은 주가를 순이익으로 나눈 값으로, PER 10은 순이익 대비 10배의 주가로 거래되고 있으며, PER 20은 순이익 대비 20배의 주가로 거래되고 있다는 뜻입니다. PER의 역수는 주가 대비 벌어들이는 돈이기 때문에 주식의 기대수익률이 됩니다. 즉 PER 10은 10%의 기대수익률을 뜻하며, PER 20은 5%의 기대수익률을 의미합니다. 다른 시각으로 보면 시장에서 PER 20 기업은 PER 10 기업보다 더 크게 성장할 거라는 기대를 받고 있다는 의미입니다.

PER이 시장 참여자에 의해 형성되는 기댓값이라면, ROE는 기업이 자본을 이용해 이익을 만들어내는 실적값입니다. 실적값인 ROE를 기댓값으로 형성된 PER로 나누면 기대에 비해 실적이 어떤지 나타낼 수 있죠. 어떤 기업의 ROE가 20이고 PER이 10이라면 'ROE/PER=2'로 실적보다 낮은 평가를 받고 있다고 판단할 수 있습니다. ROE와 PER가 똑같이 20이라면 'ROE/PER=1'로 기대에 부응하는 가격대라 볼 수 있습니다. 그러나 ROE가 20이고 PER이 40이라면 'ROE/PER=0.5'로 실적 대비 주가가 고평가를 받고 있다는 것입니다.

이미 눈치챈 분도 있겠지만 이 방법 역시 '돈을 잘 버는 기업을 어떻게 하면 싸게 살 수 있을까'라는 고민에서 나온 개념입니다. 즉 아무리 좋은 회사라도 너무 높은 주가에 매수하면 합당한 이익을 얻기 어려우므로 적정한 주가에 매수하기 위한 방법이라고 할 수 있습니다.

월급쟁이 부자를 위한 투자 노트

마법공식 포트의 종목 선정법

아래 도표는 제가 2020년에 매수해 마법공식 포트에 편입시킨 종목들입니다. 이렇게 매달 새로운 종목들을 선정하기 위해 제가 실행하는 방법을 상세히 알려드리겠습니다.

2020년 마법공식 포트 매수 종목

매수 시점	종목	업종	시총 (억 원)	ROE	PER	PBR	시가 배당률	매수가 (원)
20.01	디에이치피코리아	제약	1,280	14	10	1.2	1.3%	7,830
	케이씨	반도체 및 관련 장비	2,528	12	5	0.5	1.2%	18,600
	윈스	일반 소프트웨어	1,615	14	12	1.5	2.4%	13,300
20.02	에스텍	내구소비재	1,184	12	6	0.8	4.6%	10,950
	극동유화	석유 및 가스	1,175	9	7	0.7	4.7%	3,385
	국보디자인	건설	1,211	14	9	1.0	1.7%	16,082
20.03	한국정보통신	상업서비스	2,602	13	11	1.3	0.0%	6,810
	코텍	디스플레이 및 관련 부품	1,573	10	5	0.5	4.0%	9,990
	동일금속	기계	788	13	6	0.6	2.5%	11,200
20.04	나이스디앤비	상업서비스	1,106	21	10	1.8	2.4%	7,669
	사람인에이치알	상업서비스	2,595	25	10	2.3	2.6%	23,200
	대원제약	제약	2,803	14	10	1.4	1.8%	13,900

매수 시점	종목	업종	시총 (억 원)	ROE	PER	PBR	시가 배당률	매수가 (원)
20.05	KB오토시스	자동차부품	695	11	6	0.7	3.8%	5,980
	인바디	의료 장비 및 서비스	2,524	15	12	1.8	0.8%	19,200
	일진파워	에너지 시설 및 서비스	692	13	6	0.7	6.5%	4,540
20.06	미원화학	화학	1,093	15	7	1.0	2.0%	50,000
	솔브레인	반도체 및 관련 장비	14,040	16	10	1.6	1.1%	84,400
	DL건설	건설	3,248	26	3	0.6	1.9%	21,200
20.07	미원상사	화학	3,584	17	10	1.5	0.9%	73,200
	휴켐스	화학	6,500	12	9	1.0	6.3%	16,100
	와이엔텍	해상운수	2,021	16	10	1.5	N/A	11,100
20.08	에스에프에이	운송인프라	12,640	15	10	1.1	3.0%	35,650
	서호전기	운송인프라	1,051	22	7	1.4	5.9%	20,200
	유니셈	반도체 및 관련 장비	2,033	20	8	1.6	0.8%	6,560
20.09	뷰웍스	의료 장비 및 서비스	3,266	18	12	2.0	1.2%	32,600
	SK가스	석유 및 가스	8,695	21	3	0.5	3.2%	93,200
	엠에스씨	식료품	788	13	7	0.8	1.3%	4,465
20.10	금화피에스시	건설	1,710	13	5	0.7	4.6%	28,571
	매커스	반도체 및 관련 장비	739	13	11	1.4	2.2%	4,632
	시큐브	일반 소프트웨어	628	20	11	2.0	0.6%	1,590
20.11	이엔에프테크놀로지	반도체 및 관련 장비	5,532	19	11	1.9	0.4%	39,050
	삼진제약	제약	3,572	14	13	1.7	3.1%	26,150
	메디아나	의료 장비 및 서비스	1,237	19	11	1.9	N/A	14,400
20.12	나스미디어	미디어	2,653	14	12	1.4	2.2%	30,400
	대한약품	제약	1,869	15	7	1.0	1.3%	31,100
	KCI	건축소재	1,155	18	9	1.6	2.0%	10,535

각 종목의 지수는 매수 시점을 기준으로 함.

무료 투자 지표 데이터로 마법 포트 만들기

퀀트 투자에서 가장 중요한 부분은 '양질의 각종 지표 데이터를 어떻게 가져오느냐'입니다. 유료로 데이터를 제공하는 업체를 사용하는 것이 가장 편리하지만 개인투자자가 감당하기에는 그 비용이 만만치 않습니다. 또는 프로그래밍 언어를 이용해 인터넷 웹상에 존재하는 데이터들을 긁어오는 '크롤링'Crawling을 할 수도 있는데 이 또한 쉽게 접근할 수 있는 방법은 아닙니다. 주식투자보다 더 어려운 프로그래밍 지식이 요구되기 때문이죠.

다행히 요즘에는 초보 투자자들도 지표 데이터를 활용할 수 있도록 무료로 양질의 데이터를 제공하는 사이트가 있습니다. 그중 하나는 한국거래소에서 운영하는 'KRX 정보데이터시스템'(data.krx.co.kr)입니다. 해당 사이트에 접속해서 '통계→기본 통계→주식→세부안내→PER/PBR/배당수익률(개별종목)'의 순서로 메뉴를 들어가면 코스피와 코스닥에 등록된 전 종목의 지표를 확인할 수 있습니다. 여기서는 조회일자를 기준으로 개별 종목의 주가(종가), EPS, PER, BPS, PBR, 주당배당금, 배당수익률 등을 제공하고 있으며 이 데이터는 엑셀 파일로도 다운받을 수 있습니다.

미국 주식의 경우에는 양질의 데이터를 편리하게 제공하는 사이트가 훨씬 많습니다. 그중 스톡로우(stockrow.com)에서 종목을 선정할 수 있는 스크리너Screener를 사용할 수 있습니다. PER과 ROE, ROIC 등 다양한 지표를 이용하여 비교적 손쉽게 종목을 필터링할 수 있습니다.

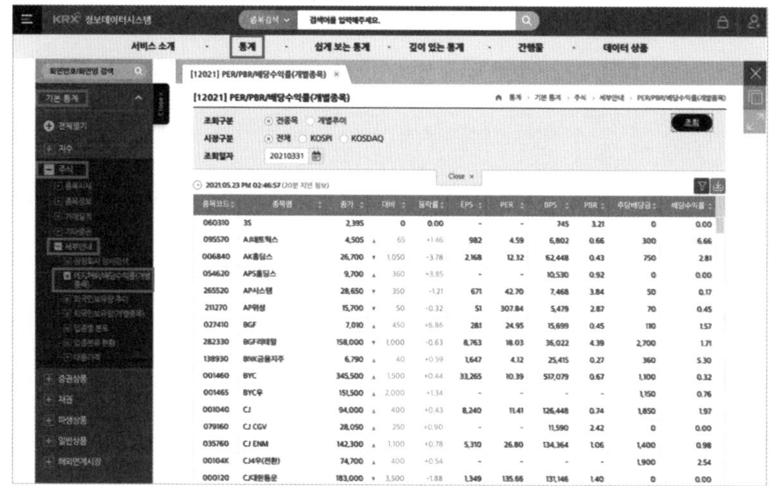

KRX 정보데이터시스템에서 지표 데이터 검색 화면. (출처: data.krx.co.kr)

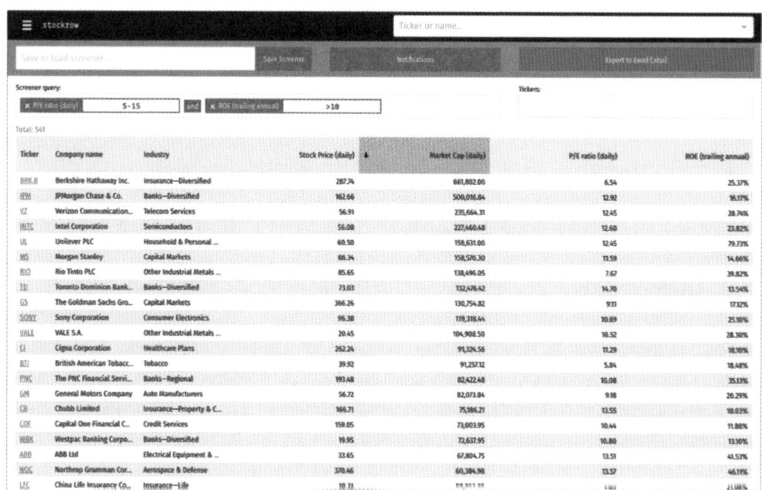

스토로우에서 다양한 지표를 이용해 종목을 필터링 한 화면. (출처: stockrow.com)

매수 종목을 고르는 필터링 방법

데이터를 다운받으면 2,000개가 넘는 종목의 지표가 빼곡히 나열되어 있는 것을 볼 수 있습니다. 보기만 해도 머리가 아파지기 때문에 엑셀의 필터 기능으로 종목을 골라내는 가공 작업이 필요합니다. 다음과 같은 방법으로 투자 대상을 일차적으로 추려낼 수 있습니다.

1. 먼저 BPS가 0으로 나타나는 우선주와 스팩(SPAC) 종목을 제거합니다.
2. 다음으로 EPS가 0 이하인 종목을 제거합니다.
3. EPS를 BPS로 나누어 ROE를 구한 후 10% 이상으로 필터링합니다.
4. 너무 고평가되는 종목을 피하기 위해서 PER과 PBR의 곱이 25 이하인 종목으로 제한합니다. 이러면 100~200개 기업으로 종목을 필터링할 수 있습니다.
5. 아이투자(itooza.com)나 FN가이드(comp.fnguide.com) 사이트를 이용해 위에서 필터링한 종목들이 꾸준히 성과를 내고 있는지 확인합니다.
6. ROE가 장기간 안정적으로 높으면서 PER이 낮은 종목을 그달의 매수 종목으로 선정합니다.

지표는 기업의 성과를 후행적으로 나타내기 때문에 투자에 있어서 절대적인 기준이라고 할 수는 없습니다. 그러나 과거와 무관하게 전혀 다른 미래가 펼쳐지는 경우도 거의 없지요. 때문에 기업의 여러 가지 지표를 다양한 방법으로 다뤄보면서 투자 경험을 쌓는 게 좋습니다. 투자 후에는 해당 기업의 성과를 돌아보면서 기업 지표와의 상관관계에 익숙해져야 투자 기반을 튼튼하게 다질 수 있습니다.

바쁜 직장인 투자자를 위한 원페이지 정리

✔ 기업의 장기간 실적을 파악해 돈 잘 버는 기업을 찾아내라

ROE가 높고 특히 순이익이 점점 증가하는 기업을 찾아라. ROE를 확인할 때는 장기간의 추세, 즉 최소 5년에서 10년 동안의 ROE를 확인해야 한다. ROE 샤프지수를 활용하면 장기간 안정적으로 돈을 잘 버는 기업인지 판단할 수 있다.

✔ 자본수익률이 높은 기업 중 이익수익률이 높은 기업을 골라라

조엘 그린블라트의 투자법으로 자본수익률(ROE)은 높은 순서로 순위를 매기고, 이익수익률의 역수인 주가수익비율(PER)은 낮은 순서로 순위를 매겨서 두 순위를 종합한 상위 주식들을 기계적으로 매수해 파는 방법이다. 간단명료한 개념으로 주식을 고를 때 유용한 스크리닝 방법이다.

✔ PBR과 PER을 이용해 적정 주가를 찾아라

개별 종목의 PBR과 PER의 장기간 추세를 봐야 한다. 시장 참여자에 의해 형성되는 기댓값이 PER, 기업이 자본을 이용해 이익을 만들어내는 실적값이 ROE다. ROE를 PER로 나누면 기대에 비해 실적이 어떤지 파악할 수 있고 적정 주가를 찾는 기준으로 삼을 수 있다.

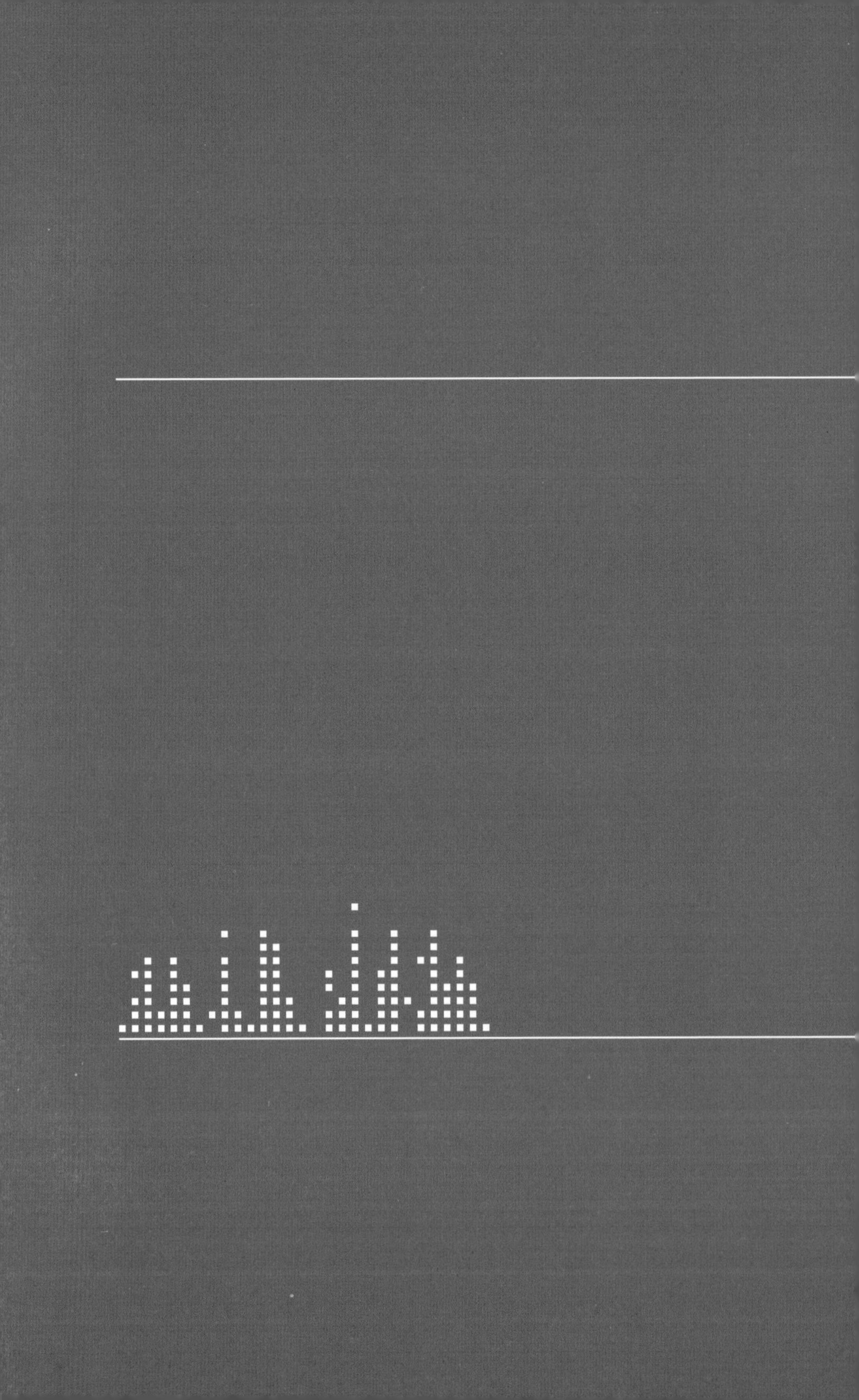

B • U • S • I • N • E • S • S • B • O • O • K • S

비즈니스북스 도서목록

빌 게이츠, 일론 머스크, 버락 오바마, 오프라 윈프리…

세계 상위 1%가 극찬한 인생의 성공 전략!

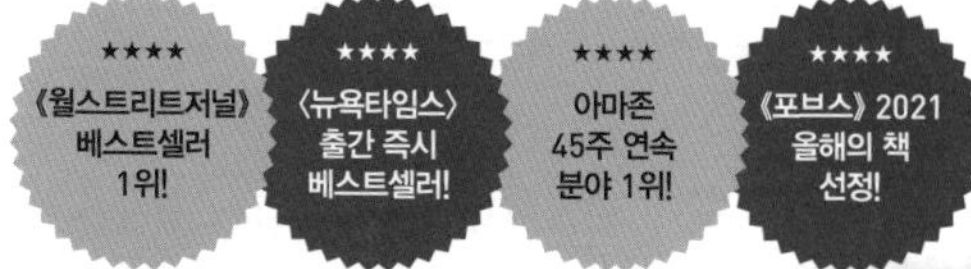

구글, 하버드, 스페이스X, 나이키가 열광한 최고의 강연!

마지막 몰입 : 나를 넘어서는 힘

짐 퀵 지음 | 김미정 옮김 | 값 16,800원

《어번던스》, 《볼드》를 잇는 '기하급수 마인드셋' 3부작 완성

'실리콘밸리 대부' 피터 디아만디스가 예언하는 세계 산업의 미래와 비즈니스 기회!

컨버전스 2030
미래의 부와 기회

앞으로 10년 우리의 삶은 어떻게 바뀔 것인가?

인공지능, 로봇공학, 가상현실, 생명공학, 센서 등이 3D 프린터, 블록체인, 전 세계를 연결하는 기가바이트 네트워크와 결합하면 어떤 일이 생길까? 현재 시장을 지배하는 산업들은 '융합기술'로 인해 어떤 변화를 겪을까? 미래를 앞당기고 있는 빅테크 기업들의 현재와 비전을 통해 어떤 비즈니스 기회를 포착해야 하는지 인사이트를 제공한다.

컨버전스 2030

피터 디아만디스, 스티븐 코틀러 지음 | 박영준 옮김 | 값 19,800원

세계적인 미래연구기구 '밀레니엄 프로젝트'가 예측한 코로나가 만든 세계!

"전 세계 66개국, 4,500명의 전문가가 긴급 진단한 정치·경제·사회의 대변혁!"

세계미래보고서 2021
· 포스트 코로나 특별판 ·
우리에게 익숙한 지난 200년은 모두 잊어라!

포스트 코로나 시대를 돌파하기 위한 생존 전략!

지난 200년의 세계 역사를 뒤엎고 '리셋'할 포스트 코로나 시대. 9가지 미래 혁신 기술과 함께 핀테크 시장의 판도를 바꾼 인공지능, 도심 부동산 불패의 신화를 깬 재택근무, 대학 학위를 무용지물로 만든 온라인 교육, 여행 분야의 변신을 주도한 가상현실, 일자리의 파괴와 기본소득제 실험 등 흥미롭지만 그 어떤 시대보다 큰 충격과 변화를 가져올 세계 미래를 예측한다.

세계미래보고서 2021(포스트 코로나 특별판)

박영숙, 제롬 글렌 지음 | 값 17,800원

제4장

차근차근 마음 편히 부자 되기, 배당주 투자

"내 유일한 기쁨이 뭔 줄 아는가?
차곡차곡 배당금이 들어오는 걸 보는 일이다."

_존 록펠러

직장인에게 왜 배당주 투자가 답일까

"배당주 투자요? 배당 그거 몇 % 받아봐야 뭐 하나요?"

"배당주 크게 오르는 거 본 적 없어요. 요즘 같은 때엔 손해죠."

"배당 4% 받고 10% 손실 나면 그게 무슨 투자예요?"

배당주 투자를 한다고 하면 흔히들 이런 말을 합니다. 그런데 이는 배당주 투자를 폭넓게 보지 않고, 단순히 배당금만 바라보는 데서 생긴 오해와 편견입니다.

배당주는 주가가 큰 폭으로 오르내리는 성장주에 비해 재미없고 큰 이익을 얻을 수 없는 투자로 여겨집니다. 그럼에도 불구하고 저는 기업으로부터 배당금을 받는 배당주 투자를 하고 있습니다. 저는 왜 성장주보다 큰 이익을 기대하기도 어렵고, 세금도 추가로 내야 하는 비효율적인 배당주 투자를 할까요?

현금흐름이 안정적이니까

배당주 투자로 안정적인 현금흐름을 만들 수 있습니다. 주식의 시세차익만을 바라고 투자를 하면 오르락내리락하는 주가 흐름 속에서 장기간 투자를 이어나가기 어려울 수 있습니다.

하지만 매월 따박따박 월세를 받는 부동산처럼 배당주 투자는 배당금으로 받은 현금을 실생활에 사용할 수도 있고 해당 시점에 가장 괜찮은 종목에 재투자할 수도 있죠. 내가 하는 투자로 인해 진짜 돈이 생긴다는 것은 투자 기간 내내 심리적 안정감을 줍니다. 이렇듯 배당금으로 만드는 현금흐름은 장기투자를 할 수 있는 발판이 되어줍니다.

시간과 노력 대비 가성비가 높으니까

주식 거래를 자주 하지 않아도 됩니다. 주식을 사고판다는 것은 굉장히 스트레스를 받는 일입니다. 반면 배당주 투자는 거래를 자주 하지 않아도 되는 장점이 있죠. 단 주의할 것이 있습니다. 애초에 배당주를 고를 때 신중해야 합니다. 장기간 기업의 이익이 안정적인 흑자를 기록하고, 배당을 점점 늘리는 종목을 선택해야 합니다. 대개 이런 종목들은 성장세가 들쑥날쑥하지 않은 우량기업입니다.

기업의 장기간 실적을 확인해서 고른 후에는 성장이 지속되는 한 주식을 굳이 팔 이유가 없습니다. 그래서 배당주는 분기보고서의 실적을 참고는 하되, 1년에 한 번 정도만 사업보고서의 실적을 보고 최종적으로 매도할지 보유를 지속할지 결정하면 됩니다.

특히 일반적으로 직장인은 주식시장이 열리는 평일 낮에 회사에서 일을 하기 때문에 실시간으로 주식을 사고팔 여유가 없습니다. 만약 그렇게 한다면 업무에 영향을 미쳐 본업의 성과가 떨어질 우려도 있죠. 이는 주식투자를 통해 추가 수입을 노리려다가 정작 주 수입원을 위협하는 주객전도의 상황을 자초할 수 있습니다.

이런 이유로 배당주 투자는 직장인에게 매우 알맞은 주식투자 방법입니다. 무엇보다 가성비, 즉 시간 투입 대비 성과가 제일 좋습니다. 투자에 들이는 에너지가 많지 않은 반면 올바른 배당주를 장기간 보유하기만 해도 괜찮은 수익을 거둘 수 있으니까요.

변동성이 낮아 심리적 부담이 적으니까

배당주는 주가의 변동성이 낮아서 심리적 부담이 적습니다. 배당이 안정적으로 나오는 종목은 주가가 떨어질 경우에 높은 시가배당률을 예상할 수 있습니다. 시가배당률은 배당금이 주가의 몇 %인지 나타내

KT&G 주가와 시가배당률 추이

는 것이기 때문에 기준 주가에 따라 달라집니다.

예를 들어 주가 하락으로 시가배당률이 5% 정도로 높아지면 높은 배당률을 노리는 투자자들이 유입됩니다. 이렇게 배당 투자자의 수급이 몰리면 어느 적정선에서 가격 하락도 멈추게 되는 것이죠. 즉 배당주는 일정 부분 가격저항선이 형성되어 있습니다.

위의 그래프는 KT&G의 지난 5년간 주가 현황입니다. KT&G는 벌어들이는 돈의 절반 이상을 배당금으로 주는 배당성향이 높은 대표적인 기업이지요. 다만 매출과 이익이 장기간 정체되어 있어 향후 성장성이 높은 기업이라 평가할 수는 없습니다. 그럼에도 불구하고 KT&G는 10만 원대에 강력한 지지선을 유지해왔습니다.

그래프에서 보는 바와 같이 주가가 낮아지면, 그에 반비례해 시가배당률이 오르죠. 결국 배당주로서의 매력이 높아져 매수 세력이 늘어나게 됩니다. 2020년 초에는 코로나19로 인한 폭락장에서 주가가 급락했지만 이와 반대로 시가배당률은 급격하게 증가했습니다. 높은 배당률을 보고 형성된 매수 세력에 의해 다시 주가가 회복하는 모습을 볼 수 있죠.

이렇듯 이익이 양호하고 장기간 배당을 지급하는 배당주는 '수익이 안정적'이라는 전제가 깔립니다. 그래서 보통 여러 가지 악재에 영향을 덜 받거나 빠르게 회복하는 경우가 많습니다. 주식투자에 있어서 심리적 안정은 장기투자를 위해 매우 중요합니다. 호기롭게 시장에 들어왔다가 주가 하락에 버티지 못하고 쓸쓸히 퇴장하는 개인투자자가 정말 많습니다. 본업이 직장인이라면 반드시 포트폴리오의 한 부분을 배당주로 채우시길 추천합니다.

평생 매달 120만 원씩 받는 배당주 포트폴리오

옆 페이지 그래프는 제가 배당주 투자를 시작한 2016년 이후 매년 불어난 배당금입니다. 2021년 말에는 누적배당금이 4,571만 원 정도가 되겠네요. 2021년 한 해에만 1,400만 원이 넘어 월 평균 120만 원의 현금흐름이 확보되었습니다. 앞으로 제가 투자한 기업들에 문제가 없는 이상, 그리고 포트에서 배당주의 비중을 줄이지 않는 한 이 배당금은 평생 받게 될 것입니다.

이 배당금을 받기 위한 투자금은 약 7억 6,000만 원, 평균 배당률은 약 1.8%입니다. 저의 경우에 전체 포트폴리오가 배당주로만 채워져 있지는 않은 데다, 구글과 아마존처럼 배당을 주지 않는 종목도 다수 있기 때문에 배당률이 그리 높은 편은 아닙니다. 하지만 요즘같이 배

연간 배당금(세후)

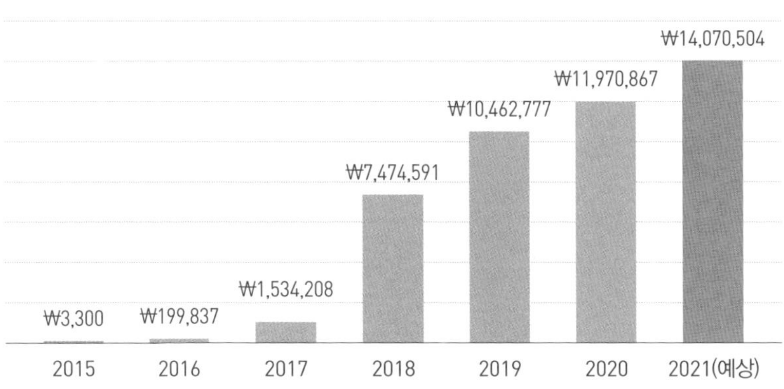

2021년 5월 기준.

당률 5%가 넘는 좋은 기업이 많을 때는 3억 원 정도만 투자해도 세전 1,500만 원, 세후 1,200만 원 이상의 배당금을 얻을 수 있습니다.

배당금 3,000원을 1,400만 원으로 만들기까지

제가 배당주를 본격적으로 매수하기 시작한 때는 2016년입니다. 다음해인 2017년부터 전년도에 매수한 배당주로부터 배당금을 받을 수 있었죠. 그전에도 계좌에 배당금이 들어오긴 했지만, 워낙 소액이라 예치이자 정도로만 생각했습니다. 그러나 배당주를 1주, 2주 모으기 시작하면서 재미있었던 점은 예측 가능한 수익이 생기는 것이었습니다.

포트별 배당금 비중

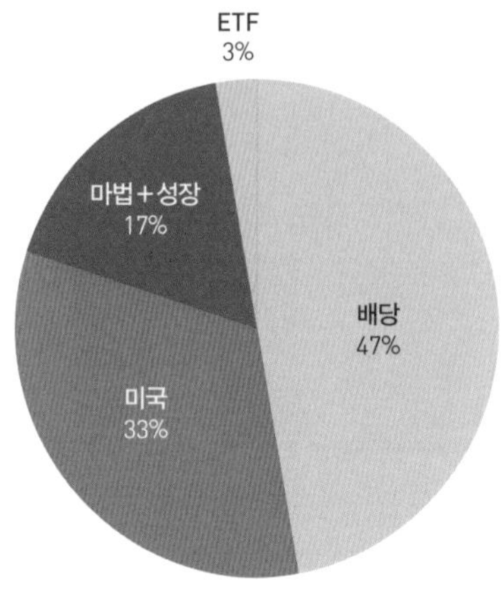

내가 지금 이 주식을 1주 사면 앞으로 매년 일정량의 돈을 받게 되는 것이죠. 마치 돈 찍어내는 기계를 사는 것과 같습니다. 그리고 대개 찍어내는 돈의 양은 스스로 일하면서 점점 늘어나기까지 하고요.

꾸준히 배당주 투자를 늘릴 수 있었던 또 다른 이유는 투자에 따르는 심리적 어려움이 적었기 때문입니다. 몇 번의 폭락장도 있었지만 시장 상황과 상관없이 배당금은 착실하게 입금되었습니다. '주가는 깨져도 배당금은 나온다'라는 믿음이 생기게 되었죠. 어차피 나는 돈 찍어내는 기계를 소유하고 있으니, 그 기계의 가격이 일시적으로 낮아진다고 해도 크게 걱정할 필요 없다고 생각했습니다. 거기서 돈이 나온다는 사실은 변하지 않는다는 걸 알고 있었기 때문이죠. 또 주가는 내가 컨트롤할 수 없지만 내가 받는 배당금은 직접 컨트롤할 수 있다는 것도 배당주를 늘리는 원동력이 됐습니다.

배당금은 경제적 자유로 가는 길의 바로미터

저에게 주식투자는 경제적 자유를 이루는 수단입니다. '써야 할 돈보다 조금 더 많은 정도만 확보하는 것'이 제 목표입니다. 당연히 차고 넘치게 많은 돈을 벌면 좋겠지만 적당선에서 멈출 수 있을지 모르겠습니다. 그러니 죽을 때까지 매년 쓰는 돈보다 조금만 더 번다면 부자로 살았다고 말할 수 있을 것 같습니다.

'월 120만 원? 어디 가서 명함도 못 내미는 수준이네!'라고 생각할 수도 있습니다. 코인과 2~3배 레버리지 주식으로 수십 배의 수익을 올렸다는 얘기가 심심찮게 들리는데, 배당금 120만 원은 푼돈처럼 여겨질 수도 있습니다. 그런데 다른 이와 비교해 얼마나 빨리 더 버느냐가 중요할까요? 내가 목표한, 내 인생을 지지해줄 경제적 자유의 길을 잘 가고 있다면 동요할 필요는 없을 것입니다.

저는 남들이 얼마를 벌 건 크게 신경 쓰지 않습니다. 다만 제가 모르는 투자처에 대해서는 어떻게든 배우려고 애씁니다. 작년보다 올해, 올해보다 내년에 더 나은 방법으로 투자하기 위해서죠.

앞으로 월 200만 원, 300만 원의 배당금도 만들 수 있을 것입니다. 이런 점에서 배당금은 경제적 자유로 가는 길의 바로미터가 되어줍니다. 주식을 사고팔아 1년에 1억 원을 벌지 5,000만 원을 잃을지 예측하기는 어렵지만 1년 동안 받을 배당금을 예상하는 긴 훨씬 쉽죠. 그래서 저는 예측 가능한 배당주 투자로 경제적 자유의 길을 가려고 합니다.

성장주 vs. 배당주, 무엇을 얼마나 담을까

기업은 영업활동을 통해 이익을 얻어 증가한 자본을 이용해서 추가 자산에 투자하거나 주주에게 배당금을 지급합니다. 성장할 여력이 많이 남아서 벌어들인 돈의 대부분을 재투자에 쓰면 '성장주'로 분류할 수 있습니다. 반면에 추가적인 투자처가 마땅치 않아 차라리 주주에게 배당금을 나눠주는 게 효율적이라고 생각해서 이익의 대부분을 배당으로 지급하는 경우 '배당주'로 분류할 수 있습니다. 그리고 성장성이 높으면서도 이에 필요한 자본지출이 크지 않아서 배당금을 적절하게 지급하는 '배당성장주'도 있습니다.

성장주에 해당하는 기업은 현재의 성장률이 높고 앞으로도 성장 가능성이 높기 때문에 벌어들인 순이익을 배당금으로 환원하지 않고 개발비용 및 생산자산을 늘리거나 기업인수에 사용합니다. 구글, 아마존, 페이스북 같은 기업이 대표적인 성장주라 할 수 있죠. 이런 기업들은 전 세계적으로 천문학적인 이익을 거두고 있지만 향후 성장을 위해 인공지능AI; Artificial Intelligence, 클라우드Cloud, 증강현실AR; Augmented Reality 등 기술 개발에도 많은 비용을 쏟아붓고 있습니다. 주주는 이런 기업이 투자를 통해서 미래에 더 높은 가치를 갖게 될 것으로 전망하기 때문에 당장은 배당금을 받지 않는 것에 동의합니다.

배당주는 이익의 상당 부분을 배당금의 형태로 주주에게 환원합니다. 따라서 기업이 꾸준한 이익을 만들어낸다는 전제하에 주주는 안정적인 배당금을 수령할 수 있습니다. 다만 이익의 대부분이 기업 밖으로 흘러나가기 때문에 기업에 자본이 쌓이거나 더 많은 자산을 활용해 이익을 더 크게 늘리기는 어렵습니다. 따라서 큰 폭의 주가 상승을 기대하기는 어렵지요. SK텔레콤이나 KT&G의 경우처럼 안정적인 현금흐름으로 배당금은 잘 주지만 향후 성장성은 의심받는 경우가 그렇습니다.

배당성장주는 주주에게 배당금을 환원하는 한편 성장성도 갖춘 경우입니다. 제가 보유한 종목 중에서는 이크레더블과 고려신용정보가 대표적입니다. 매해 증가하는 이익을 통해서 배당금을 점점 늘려가지만 일정 부분 회사 내에 쌓인 자본은 재투자해 수익성도 높여가고 있죠. 이는 배당주 투자의 가장 이상적인 사례라고 할 수 있습니다.

배당주와 성장주, 둘 다 투자하라

경제적 자유의 최종 목적은 내가 일하지 않고도 일정한 현금흐름을 만드는 겁니다. 현금은 나와 가족이 살아가면서 생활에 꼭 필요한 돈이죠. 그렇다고 무조건 많은 현금이 필요한 것은 아니에요. 일상생활에 불편함이 없을 정도의 소비를 위한 현금이면 충분합니다.

그래서 투자자는 적절한 현금흐름을 만들기 위해서 배당금을 지급하는 종목을 포트폴리오에 갖고 있어야 합니다. 정기적으로 현금 배당이 지급되면 돈이 필요하다는 이유로 보유 주식을 매도할 필요가 없기 때문이죠. 그리고 배당을 받는 시점에 가장 적절한 주식에 투자할 수 있는 이점도 있고요.

배당금을 얼마나 확보해야 하는지는 각자 처한 상황에 따라 다릅니다. 은퇴했거나 은퇴를 앞둔 투자자는 가능한 전체 포트폴리오에서 발생하는 배당금이 생활비를 감당할 수 있는 만큼 확보하는 게 좋습니다. 사회초년생이나 아직 근로소득을 얻을 수 있는 시간이 많은 투자자는 배당률이 높은 고배당주보다는 배당금이 없더라도 자본을 효율적으로 사용하여 높은 성장을 이어가는 기업에 투자하는 게 좋습니다.

성장주에 비해서 배당주의 주가 움직임은 변동 폭이 작기 때문에 투자자 입장에서 답답할 수도 있습니다. 사실 배당금은 기업 내부에 있던 돈을 외부로 가져오면서 배당소득세를 내야 하기 때문에 주주 입장에서는 비효율적입니다. 주주의 왼쪽 주머니에 있는 돈을 오른쪽 주머니로 옮기는 것뿐인데 그 과정에서 돈의 양이 줄어들죠. 차라리 그 돈을 기업의 자산으로 사용해 이익을 만들어내는 데 사용하는 쪽이 더 나을 수 있습니다. 즉 배당금을 많이 지급한다는 것은 향후 성장을 위한 투자금이 줄어든다는 것이고 성장 동력을 잃은 비즈니스 모델일 가능성도 있습니다.

그럼에도 불구하고 ROE가 높게 유지되는 배당주의 경우, 배당금 지급으로 자본이 줄어들어도 동일한 이익을 만들어낸다는 의미에서 부단히 자본효율화를 위해 노력하고 있다고 볼 수 있어요. 따라서 매출, 이익 등의 성장이 크지 않더라도 꾸준히 ROE를 유지한다면 장기간 안정적인 배당금을 받을 수 있는 훌륭한 투자 대상이 될 수 있습니다.

성장주와 배당주 비중의 기준은 '현금흐름'

대부분 직장인은 부자가 되기 위해 투자를 합니다. 하지만 궁극적으로는 자신의 근로소득을 대체하는 자본소득을 만들어내고 싶은 목적이 큽니다. 그러므로 배당금이 없는 성장주 투자도 필요하지만, 적정한 현금흐름을 만들어내는 배당주와의 적절한 조합이 필요합니다. 배당금은 느리지만 확실한 경제적 자유의 도구가 될 것입니다.

저는 직장인이라서 당장 생활비 전체를 감당할 배당금이 필요치는 않습니다. 어차피 월급도 최소한의 생활비를 제외하고 전부 주식을 사 모으는 데 사용하고 있으니 굳이 배당소득세를 떼야 하는 배당금으로

성장주와 배당주의 투자 비중

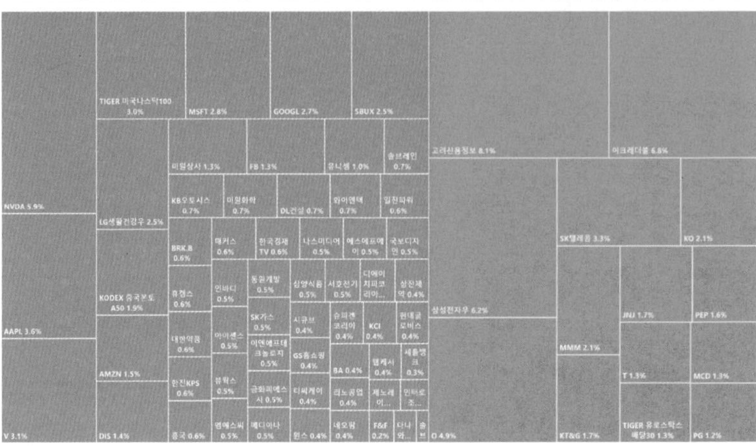

다시 주식을 사는 건 비효율적입니다. 주식을 산다는 건 기업의 자본을 산다는 것입니다. 그러니 자본에서 세금을 떼어낸 후 받은 배당금으로 다시 자본(주식)을 사는 건 비효율적이라는 의미가 되죠. 배당금을 안 받고 그냥 자본으로 남겨두었다면 불필요한 세금이 나가지 않았을 테니까요. 그래서 배당금 없이 이익을 재투자해서 더 높은 성장을 지향하는 성장주에도 투자하고 있습니다. 다만 몇 년 뒤 경제적 자유를 달성하기 위한 준비로 적정한 배당금 확보가 필요하기에 결과적으로 전체 포트폴리오에서는 성장주와 배당주의 비중을 거의 반반으로 운용하고 있습니다.

이처럼 주식투자에서 성장주에 투자하느냐 배당주에 투자하느냐는 투자자의 선택입니다. 본인이 현금흐름에 어느 정도 중점을 두는지에 따라서 성장주와 배당주의 비중을 조절하면 됩니다.

배당금과 차익을 동시에 잡는 종목 선정 스킬

배당주에 투자하는 가장 큰 이유는 안정적인 배당금으로 현금흐름을 만들기 위해서입니다. 그런데 배당금이 꾸준히 나오는 것도 중요하지만 추가로 배당금이 늘어난다면 더 좋겠지요. 이것을 '배당성장'이라고 하는데 이를 위해서는 기업이 지속적으로 성장해야 합니다. 즉 배당주 투자를 할 때 좋은 종목은 **'오랜 기간 배당을 꾸준히 주는 동시에 성장하면서 배당금을 점점 늘리는 기업'**입니다. 이러한 전제조건하에 좋은 배당주 고르는 3가지 기준을 확인해보겠습니다.

좋은 배당성장주 고르는 3가지 기준

첫째, 매출과 순이익이 장기간 증가하는 종목을 골라야 합니다. 기업이 지급할 수 있는 배당금은 상품과 서비스를 판매하여 벌어들이는 순이익에서 나옵니다. 만약 기업의 매출이 정체되고 수익이 줄어들고 있다면 주주가 받아야 할 배당금이 줄어들거나 없어질 위험이 있죠. 배당주 투자의 큰 실패는 예상한 배당금을 받지 못하는 경우입니다. 이런 위험을 미리 가늠할 수 있는 방법은 기업의 매출과 이익이 유지 혹은 증가하고 있는지 확인하는 것입니다.

둘째, 배당금을 빠짐없이 지속적으로 지급하는 종목이어야 합니다. 향후 안정적인 배당금 지급을 예상하기 위해서는 최소한 5년에서 10년 정도는 빠짐없이 배당금을 지급한 종목을 고르는 게 좋습니다. 배당금 지급 기록이 들쑥날쑥한 기업이라면 당장 내년에 얼마만큼의 배당금을 지급할지 알 수 없지요. 매년 지속적인 배당금 지급은 해당 기업의 배당정책에 대한 의지와 노력을 나타낸다고도 할 수 있습니다.

셋째, 적정한 수준의 배당성향을 유지해야 합니다. 배당성향은 배당금 총액을 당기순이익으로 나눈 값입니다. 주당배당금DPS을 주당순이익EPS으로 나누어 계산해도 되지만, 기업이 보유한 자사주는 배당금을 지급하지 않기 때문에 실제 배당성향과 차이가 발생할 수 있습니다. 만약 배당성향이 100%를 넘는다면 벌어들인 돈보다 더 많은 돈을 배당금으로 지급한다는 뜻입니다. 충분한 돈을 벌지 못하면서 과도한 배당금을 지급한다면 기업의 돈이 고갈되면서 미래 전망을 어둡게 합

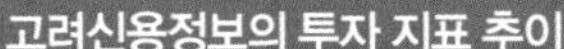

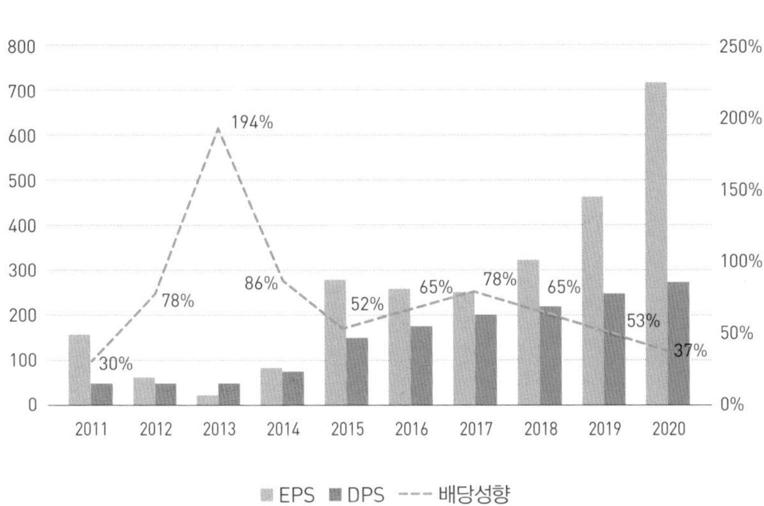

니다. 저는 배당성향이 아무리 높아도 70% 이내는 되어야 한다고 생각합니다. 이익의 30% 정도는 남겨 놔야 그것으로 유지보수를 하고 성장을 위한 준비도 할 수 있지 않을까요? 이렇듯 **배당성향을 꾸준히 70% 이하로 유지하면서 배당금을 지급해왔다면 그만큼 배당을 안정적으로 줄 수 있는 기업으로 경영을 잘했다고 볼 수 있습니다.**

위 그래프는 채권추심업체인 고려신용정보의 주당순이익과 배당금 그리고 배당성향을 보여줍니다. 이 기업의 순이익은 시간이 갈수록 증가하고 있습니다. 사업이 안정적으로 성장하고 있다는 것을 알 수 있죠. 그리고 순이익과 더불어 배당금도 점점 증가하는 게 보입니다.

꾸준히 벌어들이는 돈에서 일정 부분을 배당금으로 지급하는 모습이죠. 배당금을 지급하고 남은 돈은 기업의 자본으로 쌓이기 때문에

고려신용정보의 10년간 주가 추이를 보여주는 차트(2021년 5월 21일 기준). 전반적으로 우상향하는 모습을 보여준다. (출처: finance.naver.com)

기업의 가치도 시간이 갈수록 올라가게 됩니다. 기업의 가치 상승은 필연적으로 장기적인 주가 상승을 가져옵니다. 고려신용정보의 지난 10년간 주가를 보면 이를 확인할 수 있습니다.

배당 포트 만들기 3단계

앞에서 설명한 배당주 고르는 3가지 기준을 바탕으로 배당 포트를 만드는 방법을 소개하겠습니다. 이 방법으로 2016년부터 현재까지 약 5년간 원금 8,500만 원으로 배당금을 포함하여 1억 700만 원의 수익금을 얻었습니다. 그리고 지금도 그 방법을 실천하고 있죠. 간단하지만 좋은 배당주를 고르고 유지하는 노하우입니다.

1단계: 과거 3년간 배당금이 줄어들지 않은 종목 추리기

네이버 금융에서 '국내증시' 탭에 '배당' 메뉴가 있습니다. 시가배당률을 나타내는 수익률을 기준으로 내림차순 정렬을 할 수 있어요. 여기서 우측 과거 3년 배당금을 보고 배당금이 줄어들지 않은 종목들을

국내증시

ㅣ주요시세정보
코스피 코스닥 선물
코스피200 코넥스
시가총액 배당
업종 테마 그룹사
ETF ETN
상승 보합 하락
상한가 하한가
급등 급락
거래상위 급증 급감
투자자별매매동향
외국인매매 기관매매
프로그램매매동향
증시자금동향
신규상장
외국인보유
장외시세
IPO

ㅣ투자자보호
관리종목
거래정지종목
시장경보종목

ㅣ조건검색
골든크로스 갭상승
이격도과열 투심과열
상대강도과열

ㅣ기업 전자공시

ㅣ공매도 거래 현황

금융홈 〉 국내증시 〉 배당

ㅣ배당

전체 코스피 코스닥

종목명	현재가	기준월	배당금	수익률 (%)	배당성향 (%)	ROE (%)	PER (배)	PBR (배)	과거 3년 배당금 1년전	2년전	3년전
베트남개발1	231	20.02	90	38.78	-	-	-	-	4	199	90
서울가스	138,500	20.12	16,750	12.09	49.66	13.14	3.45	0.34	1,750	1,750	1,750
한국패러랠	1,990	20.12	235	11.81	-	-	-	-	165	200	205
리드코프	9,010	20.12	800	8.88	44.64	11.78	4.03	0.44	150	150	200
대신증권우	16,300	20.12	1,250	7.67	54.29	7.35	7.61	0.42	1,050	670	660
대신증권2우B	16,000	20.12	1,200	7.50	54.29	7.35	7.61	0.42	1,000	620	610
메리츠증권	4,275	20.12	320	7.49	39.89	13.08	4.74	0.56	200	200	200
메리츠화재	17,250	20.12	1,280	7.42	35.04	16.91	3.88	0.64	850	820	1,140
동부건설	12,550	20.12	900	7.17	46.48	10.10	6.87	0.68	700	300	0
대신증권	17,950	20.12	1,200	6.68	54.29	7.35	7.61	0.42	1,000	620	610
NH투자증권우	11,450	20.12	750	6.55	36.51	10.32	5.88	0.58	550	550	550
이베스트투자증권	8,560	20.12	550	6.43	25.50	20.09	3.54	0.57	345	485	485
동아타이어	12,700	20.12	800	6.30	82.38	3.68	10.17	0.37	500	300	0
유수홀딩스	8,000	20.12	500	6.25	15.62	30.04	1.87	0.47	0	0	0
대동전자	8,300	20.03	500	6.02	97.78	3.26	7.36	0.19	0	0	0
맥쿼리인프라	12,050	20.12	719	5.97	-	-	-	-	698	621	249
삼양옵틱스	10,150	20.12	600	5.91	282.23	5.80	44.38	2.74	1,000	1,100	1,300
정상제이엘에스	7,290	20.12	430	5.90	84.96	10.48	14.72	1.47	430	430	430
네오티스	4,245	20.12	250	5.89	1,373.32	0.45	228.22	1.00	250	250	350
KT&G	82,500	20.12	4,800	5.82	50.83	13.22	9.74	1.14	4,400	4,000	4,000
GS홈쇼핑	146,300	20.12	8,500	5.81	40.50	10.48	7.29	0.67	6,500	7,000	6,500
쌍용C&E	7,670	20.12	440	5.74	160.42	7.92	24.42	1.93	420	370	214
부국증권우	22,050	20.12	1,250	5.67	17.89	11.58	4.70	0.34	1,250	1,250	1,250
코엔텍	9,120	20.12	510	5.59	99.42	16.79	18.46	3.10	540	400	25
삼성카드	32,200	20.12	1,800	5.59	48.16	5.69	9.44	0.49	1,600	1,600	1,500

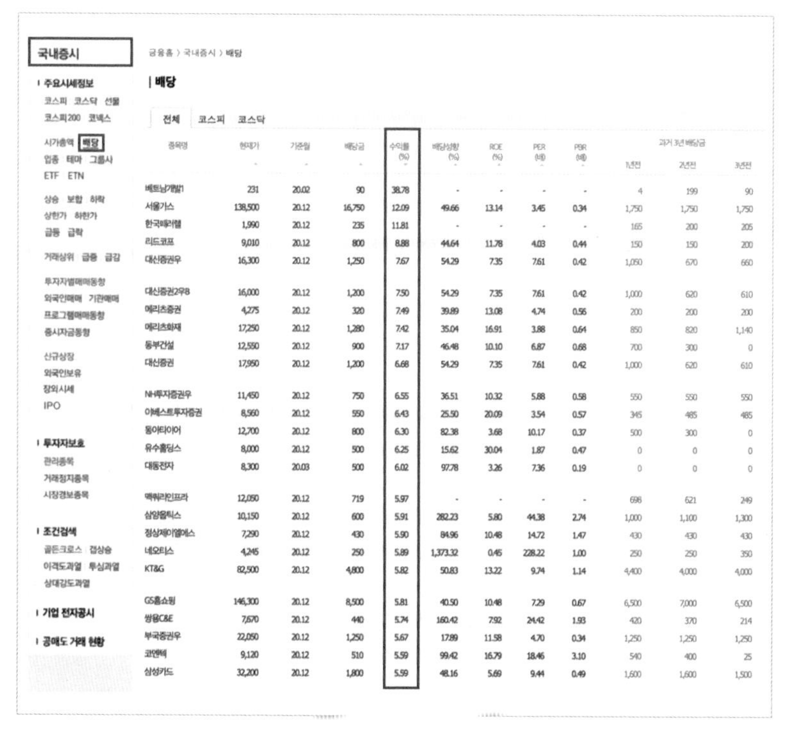

네이버 금융(증권)에서 '국내증시' → '배당' 메뉴를 차례로 누르면 배당금이나 수익률(시가배당률) 기준으로 국내 주식을 정렬할 수 있다. (출처: finance.naver.com)

추립니다. 시가배당률이 7~8% 넘는 것은 이상한 사연이 있는 종목일 확률이 높으니 3~6% 사이의 종목들을 잘 살펴보길 권합니다.

2단계: 해당 종목의 10년치 배당금과 배당성향 확인하기

3년 동안 배당금이 줄어들지 않은 종목을 추렸다면 아이투자 사이트에 가서 해당 종목들을 검색해봅니다. 아이투자에서는 10년 치 재무제표를 제공하고 있습니다. 각각의 종목이 최소 5년 이상 혹은 10년 이상 배당금을 줄이지 않고 지급하고 있는지를 확인하고, 동시에 이익이 계속 늘어나면서 변동성이 낮고 적정한 ROE를 유지하고 있는지도 확인합니다. 그리고 이때 이익 대비 배당금, 즉 배당성향이 100% 이하인지도 확인하죠. 이익보다 배당금을 더 지급하고 있다면 나중에 배당금이 삭감될 가능성이 높습니다. 이 조건에 만족하는 종목 5개 정도로 포트폴리오를 구성합니다.

연환산 | 연간 | 분기별 | 계산공식은?

투자지표	20.12월	19.12월	18.12월	17.12월	16.12월	15.12월	14.12월	13.12월	12.12월	11.12월	10.12월	09.12월
주당순이익(EPS,연결지배)	720	463	327	251	260	280	85	25	62	159	58	63
주당순이익(EPS,개별)	705	483	327	251	265	236	97	47	71	159	58	63
PER (배)	8.29	10.67	11.60	12.11	10.42	11.84	16.12	37.36	16.10	6.70	12.95	N/A
주당순자산(지분법)	2,041	1,577	1,340	1,210	1,168	1,061	867	847	852	863	729	718
PBR (배)	2.92	3.13	2.83	2.51	2.32	3.13	1.58	1.10	1.17	1.23	1.03	N/A
주당 배당금	275	250	220	200	175	150	75	50	50	50	50	50
시가 배당률 (%)	4.6	5.1	5.8	6.6	6.5	4.5	5.5	5.4	5.0	4.7	6.7	8.3
ROE (%)	35.26	29.36	24.40	20.70	22.26	26.39	9.80	2.93	7.26	18.42	7.95	8.80
순이익률 (%)	7.73	5.69	N/A	N/A	4.38	4.83	1.49	0.43	1.06	N/A	N/A	N/A
영업이익률 (%)	7.46	7.20	7.08	5.68	6.51	6.30	2.47	0.83	2.44	3.32	1.73	3.14
주가	5,970	4,940	3,790	3,035	2,710	3,315	1,370	928	995	1,065	750	605

아이투자 사이트에서는 지난 10년간의 종목별 투자 지표를 알 수 있다. 사진은 고려신용정보의 데이터다.
(출처: www.itooza.com)

3단계: 1년에 한 번씩 사업보고서 체크하기

이후에 해야 할 일은 매년 사업보고서를 기준으로 이익이 줄었는지 배당금이 줄었는지를 확인하는 것뿐입니다. 분기에는 실적만 간단히 보세요. 그리고 매년 한 번씩 내가 보유한 종목의 이익과 배당을 확인하고 이상이 없으면 계속 보유하면 됩니다. 배당금이 감소하지는 않았지만 너무 오랫동안 배당금이 오르지 않고 정체되거나, 적자 혹은 이익이 점점 줄어드는 종목은 나무의 잔가지를 쳐주듯이 매도하면 됩니다. 이 과정을 거치다 보면 결국엔 꽤 괜찮은 배당 성장 종목만 포트폴리오에 남게 됩니다. 이익도 배당도 점점 불어나는 기업들인 것이지요.

시간이 갈수록 이 포트폴리오는 더욱 강력해질 겁니다. 이익이 증가하면서 배당금도 증가하다 보니 받는 배당금도 점점 증가할 뿐 아니라 주가도 나날이 올라서 수익금도 갈수록 늘어나게 되죠. 이런 종목들은 워낙에 주가가 천천히 오르고 배당금도 1년에 한 번씩 주다 보니 투자가 심심할 수도 있습니다. 하지만 잘 생각해보시기 바랍니다. 주식투자를 하는 이유가 짜릿한 재미를 위해서인지 돈을 벌기 위해서인지 말입니다. 궁극적인 목적은 스릴을 즐기는 게 아니라 돈을 버는 것입니다. 어쩌면 배당주 투자에서 가장 필요한 능력은 기다릴 줄 아는 인내심인 것 같습니다. 평생 하는 투자가 제일 좋겠지만 최소 3년은 유지해야 배당주 투자를 통해 확실한 수익을 보장할 수 있어요. 지금 뿌린 배당주 씨앗이 분명 달콤한 열매를 맺어줄 것임을 의심치 않습니다.

점점 늘어나는 배당 포트 만드는 비결

주식투자로 돈을 버는 방법은 좋은 기업을 싸게 사는 것입니다. 여기서 중요한 것은 '좋은 기업'을 사는 것입니다. 그리고 좋은 기업을 고르는 것은 그리 어렵지 않습니다. 지난 사업의 성과가 객관적인 숫자로 모두 기록되어 있기 때문이죠. 그리고 이 기록을 토대로 기업의 향후 전망도 어느 정도는 예측이 가능합니다.

지금까지 이익과 배당금을 안정적으로 늘려온 기업이라면 그럴 수 있는 환경을 갖추고 있거나 경쟁력을 갖췄을 가능성이 높기 때문에 앞으로도 성장할 것이라 예상할 수 있습니다.

배당 포트도 리밸런싱이 필요하다

그러나 좋은 기업을 '싸게' 산다는 것은 결코 쉽지 않습니다. 주식의 가격은 주관적인 가치평가가 많이 개입되기 때문입니다. 주식은 국가와 산업별로 그리고 개별 기업의 기대치에 따라서 각기 다른 평가를 받습니다. 한 가지 잣대로 평가할 수 없기에 주식투자가 어려운 것이죠. 예를 들어 어떤 기업에게 PBR 2는 너무 높을 수 있고, 어떤 기업에게는 PBR 4도 낮을 수 있습니다. 또는 좋은 주식이긴 한데 지금 너무 많이 오른 상태가 아닌가 의심이 들기도 합니다. 그래서 항상 잘못된 매매 판단에 대한 부담이 따릅니다.

이런 면에서 주가 대비 배당금을 나타내는 시가배당률은 주식 매매를 위한 합리적인 지표가 될 수 있습니다. 모든 투자자들이 손쉽게 기준을 잡을 수 있는 은행이자보다 적당하게 높은 시가배당률은 매수 판단에 면죄부를 줄 수 있기 때문이죠. 게다가 장기간 실적이 좋고 배당금을 유지하거나 늘려왔다면 향후에도 최소한 매수 당시 배당금만큼은 보장받을 수 있다는 안도감을 줍니다. 이런 점은 장기투자를 비교적 쉽게 만들어주기도 합니다.

시가배당률을 이용해 배당금 불리는 매매법

배당주의 이런 이점을 이용하여 매매 판단을 손쉽게 하면서 배당금을 점점 늘려가는 투자 방법이 있습니다. 먼저 이익과 배당금이 지속적으로 증가하는 괜찮은 배당주 종목 5~10개 내외로 포트폴리오를 구성합니다. 각 종목이 최근 지급한 배당금을 현재 주가로 나누면 종목별 시가배당률을 알 수 있어요. 이 시가배당률을 기준으로 비중을 조절하며 주식 매매를 하는 것입니다.

예를 들어 2가지 종목이 있는데, A종목의 시가배당률이 6%이고 B종목은 4%라고 가정해보죠. 아래 표와 같이 현재 두 종목에 각각 500만 원씩 투자했을 때 받게 되는 총 배당금은 50만 원입니다.

동일한 비중의 포트폴리오

종목	주가	주당배당금	시가배당률	포트폴리오 비중	투자 원금	보유 주식 수	배당금
A종목	1만 원	600원	6%	50%	500만 원	500	30만 원
B종목	1만 원	400원	4%	50%	500만 원	500	20만 원

계산 편의를 위해 배당소득세는 생략함.

이 포트폴리오의 비중을 시가배당률 기준으로 리밸런싱을 하여 A종목에 60%, B종목은 40%만큼 투자금을 조정하면 아래 표와 같이 총 배당금이 52만 원으로 증가합니다.

시가배당률에 따른 1차 포트폴리오 리밸런싱

종목	주가	주당배당금	시가배당률	포트폴리오 비중	투자 원금	보유 주식 수	배당금
A종목	1만 원	600원	6%	50% → 60%	600만 원	600	36만 원
B종목	1만 원	400원	4%	50% → 40%	400만 원	400	16만 원

시가배당률에 따른 2차 포트폴리오 리밸런싱							
종목	주가	주당배당금	시가배당률	포트폴리오 비중	투자 원금	보유 주식 수	배당금
A종목	15,000원	600원	4%	60% → 33%	900만 원 → 363만 원	600 → 242	14.52만 원
B종목	5,000원	400원	8%	40% → 67%	200만 원 → 737만 원	400 → 1,474	58.96만 원

A종목의 주가가 상승해서 시가배당률이 4%로 떨어지고 B종목은 주가가 하락해서 시가배당률이 8%로 올랐다고 가정해보겠습니다. 시가배당률 기준으로 다시 비중을 조정하면 A종목은 33%이고 B종목은 67%가 됩니다. A종목은 50% 상승해 투자금이 900만 원이 되었고, B종목은 50% 하락해 200만 원이 되어 총 투자금은 1,100만 원입니다. 포트폴리오 비중에 맞추어 투자금을 조정하면 A종목은 주식 수가 600개에서 242개로 줄어들고, B종목은 400개에서 1,474개로 증가합니다. 이 리밸런싱을 통해서 배당금은 약 73만 원으로 종전보다 증가하였습니다. 포트폴리오의 배당률도 리밸런싱 전 5.0%에서 6.7%로 높아진 것을 볼 수 있습니다.

이때 반드시 A종목을 매도할 필요는 없습니다. 추가 투자금으로 B종목을 추가로 매수하는 방식이 더 효과적입니다. 둘 다 좋은 배당기업이라는 전제하에 주식을 모아가는 게 더 나은 방향이기 때문이죠. 이런 식으로 리밸런싱을 이어나가면 자연스럽게 상대적으로 저평가된 종목을 매수할 수 있고, 포트폴리오의 전체 배당금이 점점 높아지는 것을 확인할 수 있습니다.

시가배당률 기준으로 리밸런싱하는 방법을 이용하면 배당주가 싼지 비싼지 얼마만큼 비중을 두어야 할지 고민하지 않아도 됩니다. 그저 계산된 비중에 따라서 좋은 배당주를 계속 더 사 모아가면서 배당금을 점점 늘리면 됩니다. 투자를 하다 보면 꼭 시가배당률 기준이 아니더라도 더 선호하는 종목이 생길 수 있습니다. 이때는 시가배당률에 정확히 맞춰 매매할 필요는 없습니다. 그럼에도 시가배당률 가중 매수 방식은 여전히 훌륭한 투자 기준이 되어줍니다.

이와 같은 방법을 이용하면 매매 타이밍을 맞추기 위해 전전긍긍하거나 자책하던 마음이 사라지고 마음 편한 배당주 투자를 할 수 있습니다. 주식투자를 어렵게 한다고 해서 성과가 좋은 것은 결코 아니죠. 쉽고 간단하더라도 결국은 수익을 만들어내는 투자가 중요하다는 것을 명심해야 합니다.

배당주 투자에서 피해야 할 치명적인 실수

배당주 투자를 처음 접하는 투자자가 흔히 하는 실수가 있습니다. 바로 배당금이나 시가배당률만 보고 종목을 고르는 것이죠. 한국 기업의 결산월은 대부분 12월이기 때문에 12월 말까지 주식을 매수해야 다음 해에 배당금을 받을 수 있습니다. 찬바람이 부는 10월 즈음부터 고배당주를 소개하는 뉴스 기사들이 많이 쏟아지는 이유도 이것 때문이죠.

다음의 표는 배당주 추천 기사에서 볼 수 있는 고배당주 기업들입니다. 팬데믹 이후로 많은 기업이 배당을 줄이거나 중단한 것을 확인할 수 있습니다. 배당은 기업의 사정에 따라 언제든 바뀔 수 있어요. 단순히 배당금이나 시가배당률만을 보고 투자하면 안 되는 이유입니다.

2019년 주요 고배당 기업의 2020년 현황				
기업명	2019년		2020년	
	주당배당금	시가배당률	주당배당금	시가배당률
동양고속	4,700원	17.3	N/A	N/A
한국기업평가	8,618원	14.7	2,907원	2.8
웅진씽크빅	310원	10.2	110원	4.0
대신증권	1,000원	8.4	1,200원	9.2
동부건설	700원	8.2	900원	6.6
씨엠에스에듀	425원	8.0	260원	4.8
삼양옵틱스	1,000원	7.8	600원	6.4
유아이엘	400원	7.7	N/A	N/A
유성기업	200원	7.5	120원	4.4
쌍용C&E	420원	7.4	440원	6.6
두산	5,200원	7.4	2,000원	3.8
천일고속	5,000원	7.1	3,000원	4.3
푸른저축은행	550원	7.0	550원	6.6

고배당주 리스트는 《머니투데이》 기사(2020년 3월 16일자)를 참고했다. 주황색으로 칠해진 부분은 주당배당금 기준으로 배당이 오른 기업을 표시한 것이다. (출처: 머니투데이)

고배당의 함정 피하기

저금리 시대에 5%가 넘는 고배당주는 투자자들에게 매력적일 수밖에 없습니다. 하지만 이런 종목들의 높은 시가배당률만 보고 '우와, 은행 이자의 몇 배야' 하면서 달려들면 큰코다칠 수 있습니다. 주식시장은 간혹 비정상적인 것처럼 보일 때가 있지만 대개는 정상적이고 효율적입니다. 따라서 은행금리보다 높은 시가배당률이 형성되어 있다면 일단 의심을 품고 바라봐야 합니다.

시가배당률은 배당금을 주가로 나눈 값입니다. 즉 시가배당률이 높다는 것은 배당금이 높거나 주가가 낮다는 것이죠. 따라서 고배당 주식의 경우 배당금이 비정상적으로 높거나 주가가 비정상적으로 낮은 경우를 잘 구별해야 합니다.

고배당 기업이라고 소개된 천일고속을 예로 들어보겠습니다. 천일고속은 원래 배당에 적극적인 기업이 아니었습니다. 2015년부터 오너의 상속에 대한 증여세를 지급하기 위해 배당을 한다는 소문이 돌았죠. 그때부터 주당순이익보다 많은 배당금을 지급하기 시작했습니다. 2017년에는 역대 최대의 배당금을 지급하며 고배당주 기업으로 여기저기에 이름을 올리기 시작했습니다. 2018년에는 급기야 적자인 상태에서도 배당금을 지급했습니다. 2019년도에도 순이익과 비교해 과도한 배당금을 지급했습니다. 게다가 2020년에는 운송 사업의 특성상 팬데믹의 영향을 직접적으로 받으면서 큰 손실이 발생했습니다. 이로 인해 부채를 크게 늘리는 등 재무상태가 악화되었음에도 배당금을 지급했습니다.

이렇게 과도한 배당금 지급은 기업의 곳간을 털어먹는 행위입니다. 기업이 벌어들이는 돈에 비해 훨씬 많은 배당금을 계속 지급하면 돈이 부족해지는 건 당연합니다. 그럼 결국 배당금을 지급할 수 없는 때가 오겠죠.

천일고속의 투자 지표 추이

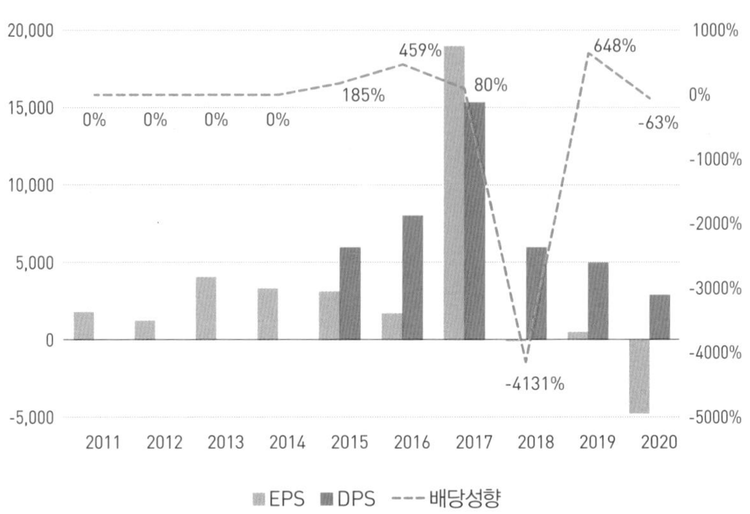

세상에는 걸러야 할 배당주도 있다

또 다른 예로 두산을 들 수 있습니다. 두산은 10년 넘는 기간 동안 배당금을 줄이지 않고 증가시켜온 기업입니다. 증가한 배당금만 봐서는 모범적인 배당주라고 볼 수도 있습니다. 그러나 배당금의 원천이 되는 순이익은 들쑥날쑥 매우 불안정했습니다. 순이익보다 배당금을 더 많이 지급한 해도 여러 번 있었고, 큰 적자를 기록하는 와중에도 배당을 지급하기도 했지요. 안 좋은 상황에서 배당금이 나왔다면 좋아할 일이 아닙니다. 이런 경우 기업 내부의 자본이 빠져나가면서 기업 가치만 줄어들게 되니까요.

두산의 투자 지표 추이

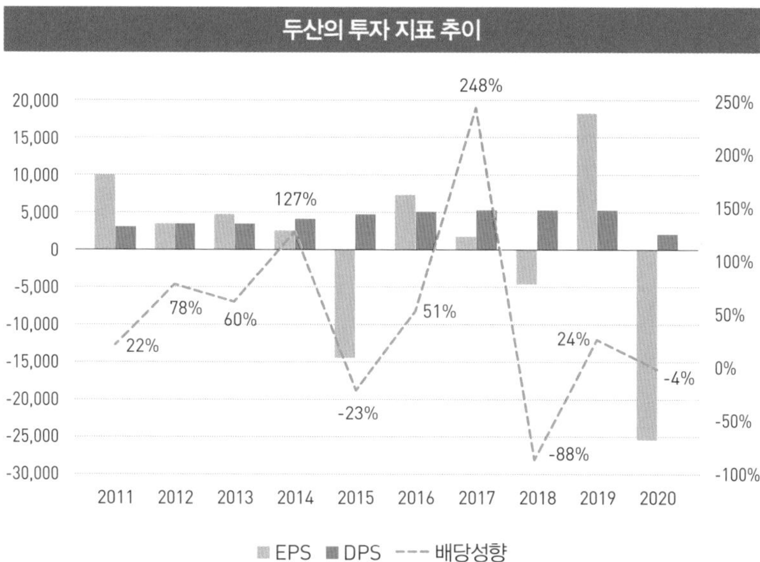

자본이 줄어든다는 것은 사업에 필요한 자산이 줄어든다는 뜻이기도 해서 앞으로 사업 성과가 나빠질 가능성도 있습니다. 두산은 2020년에 다시 한번 큰 폭의 적자를 기록하며, 결국 이어오던 분기 배당금 지급을 중단하고 연간 배당금도 대폭 축소했습니다.

배당주 투자는 무엇보다도 안정적인 배당금 지급이 확보되어야 합니다. 이를 위해서는 최소한 다음 3가지는 유의해야 합니다. 첫째, 높은 시가배당률에 속지 말아야 합니다. 둘째, 배당성향이 적정한지 확인해야 합니다. 셋째, 적자를 내는 기업은 제외해야 합니다.

투자를 하다 보면 그럴듯한 이유를 만들어 예외를 두고 싶은 마음이 생기게 마련입니다. 그러나 나의 소중한 자금을 투자하는 데 있어서 그런 인정을 베풀어선 절대 안 된다는 걸 명심하시기 바랍니다.

배당주를 팔 때도 원칙이 있어야 한다

저는 2016년부터 배당주 투자를 시작했습니다. 첫 매수 종목은 SK텔레콤이었죠. 제가 오랜 기간 사용한 통신사이기도 했고, 당시 괜찮은 배당주로 널리 알려져 있었습니다. 그리고 뒤이어서 부국증권, 고려신용정보 등 시가배당률이 높은 기업 위주로 배당주를 매수했습니다. 배당금을 많이 받으려는 목적으로 말이죠.

하지만 지금은 단순히 높은 배당률에만 집중하지 않습니다. 예전이나 지금이나 배당주 선정에 있어서 저만의 변하지 않는 원칙이 있습니다. 바로 장기간에 걸쳐서 이익을 만들어내고 배당금을 줄이지 않는 기업의 주식을 보유한다는 것입니다.

배당주도 이유가 있다면 팔아야 한다

이런 원칙하에서 보유 중인 배당주 종목을 매도했던 몇 가지 사례를 들어보겠습니다. 아래 표는 2016년부터 제가 보유했던 배당주 종목과 매도한 종목을 정리한 것입니다.

주당순이익이 마이너스일 때

매도한 종목 중 휴대폰 키패드 및 액세서리 제조사인 서원인텍을 살펴보죠. 2016년 매수 당시 시가배당률이 5%에 가까웠고 7년간 끊임없이 배당금을 상승시켜온 종목이었습니다. 그런데 2017년 5월 분기 보고서를 확인해보니 주당순이익에서 마이너스가 발생했더군요. 배당

연도별 배당주 보유 종목과 매도 종목

연도	보유 종목	매도 종목
2016	SK텔레콤, 부국증권, 고려신용정보, 서원인텍, 동양생명, 풍국주정	
2017	SK텔레콤, 고려신용정보, KT&G, 정상제이엘에스, 이크레더블, 경동제약, GKL, 서호전기	부국증권, 동양생명, 풍국주정, 서원인텍
2018	SK텔레콤, 고려신용정보, KT&G, 이크레더블, 서호전기, 메리츠화재, 신영증권우	GKL, 정상제이엘에스, 경동제약
2019	SK텔레콤, 고려신용정보, KT&G, 이크레더블, 신영증권우, 삼성전자우	메리츠화재, 서호전기
2020	SK텔레콤, 고려신용정보, KT&G, 이크레더블, 삼성전자우	신영증권우

서원인텍 차트(2021년 5월 21일 기준)에서 빨간색으로 v 표시된 부분이 매도 시점이다.

(출처: finance.naver.com)

금은 결국 기업의 이익에서 나오는데 순이익이 마이너스라면 자산을 사용해서 배당금을 지급해야 한다는 것입니다. 그런 배당금은 건강하지 못한 나쁜 배당금입니다.

1년 가까이 보유한 기업을 단순히 분기실적상 한 번의 적자가 발생했다고 매도 결정을 하기란 쉽지 않습니다. 하지만 기본 원칙으로 돌아가 '지금 새로 배당주를 매수한다고 하면 이걸 살까?'라는 질문을 던졌고, 답이 분명했기에 매도를 결정했습니다. 매도 이후 서원인텍은 지속적으로 불안정한 실적을 보여주며 결국 주가가 반토막이 났고 저는 다행히도 큰 손실을 피할 수 있었습니다.

GKL 차트(2021년 5월 21일 기준)에서 빨간색으로 v 표시된 부분이 매도 시점이다.
(출처: finance.naver.com)

배당금이 줄었을 때

다른 예는 외국인 전용 카지노를 운영하는 GKL입니다. 2017년 8월에 매수했던 종목인데, 전년도를 기준으로 주당 배당금 1,000원을 예상했으나 배당금 감소 공시를 발표했습니다. 당시만 해도 사드에 의해 냉랭해진 중국과의 관계가 회복될 거라는 분위기가 돌며 실적회복에 대한 기대가 있었죠.

그러나 저는 배당금이 줄면 매도한다는 원칙에 따라 매도를 결정했습니다. 결과론적이지만 당시 매도 결정 덕분에 장기적으로 큰 손실을 피할 수 있었습니다.

정상제이엘에스의 투자 지표 추이

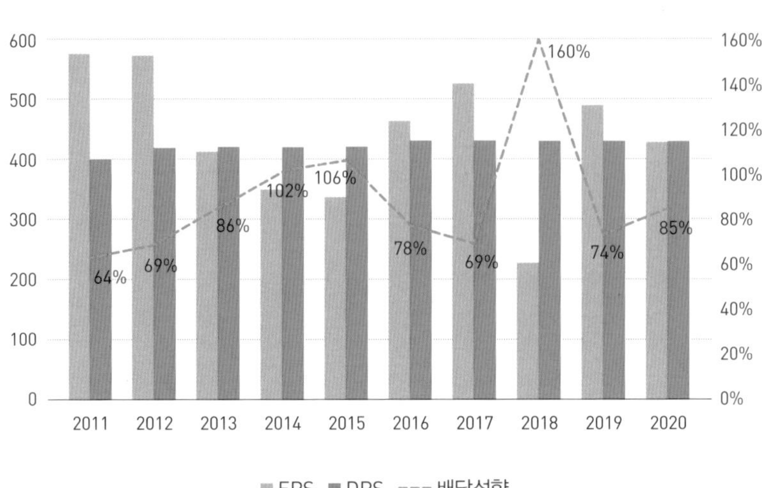

정상제이엘에스 차트(2021년 5월 21일 기준)에서 빨간색으로 v 표시된 부분이 매도 시점이다.

(출처: finance.naver.com)

매출과 이익의 정체로 기업 가치가 오르지 않을 때

또 다른 예는 정상어학원으로 알려진 영어 교육업체 정상제이엘에스입니다. 10년 넘게 배당금을 줄이지 않고 지급해온 점만 보면 괜찮은 배당주라 할 수 있습니다. 게다가 '차등배당'도 실시했는데, 이는 최대주주가 일반주주 대비 배당금을 적게 받는 방식을 뜻합니다. 일반주주가 주당 430원의 배당금을 받는 반면, 최대주주는 주당 300원의 배당금만 받는 것이지요. 주주에게 더 많은 이익을 돌려주려고 노력하는 주주 친화적이고 착실한 기업이라고 할 수 있습니다. 그럼에도 매출과 순이익의 성장을 기대할 수 없었습니다.

제가 보유한 자산이 많다면 배당률 5% 이상의 배당주로 여겨서 그냥 보유할 수도 있었겠지만, 성장이 없는 기업의 배당금만 받기에는 기회비용이 컸습니다. 그래서 배당금을 줄이지 않는 경영진의 의지에도 불구하고 매도 결정을 할 수밖에 없었죠. 정상제이엘에스는 여전히 배당금을 유지하고 있지만, 정체된 매출과 이익으로 기업의 가치를 높이지 못해서 주가는 여전히 지지부진한 모습을 보여주고 있습니다.

배당주 매도의 2가지 대원칙

자신이 보유한 기업이 적자를 기록하거나 배당이 감소하면 과감히 매도할 것이라고 다짐하지만 막상 그 상황이 되면 쉽게 매도 결정을 하기 어렵습니다. 게다가 매수가 대비 손실을 기록하고 있는 상황이라면 더 그렇죠. 이럴 때면 내면에서 여러 가지 마음의 소리가 들려옵니다.

'이제 막 상승기에 접어들어서 주가가 상승 중인데?'
'외국인들 수급이 몰려들고 있는데?'
'이번에는 실적이 안 좋았지만 수주 계약 건이 많다던데?'
'주주가치 제고를 위해서 자사주 취득을 결정했다던데?'

그러나 이럴수록 원칙을 제일 우선순위에 두고 결정을 해야 합니다.

'배당 감소가 있었는가?'
'적자나 순이익 급감이 있었는가?'

기업의 가치를 보고 투자한다는 것은 단순히 장기보유가 아닌 장기적으로 원칙을 지키는 투자를 하는 것입니다. 물론 지나고 보면 단기간의 배당금 감소나 실적 하락 이후 금세 실적을 개선해 극적인 반전의 모습을 보여주는 경우도 있습니다. 저도 이런 경우를 경험해봤죠. 2019년 2월 서호전기를 매도했습니다. 영업이익이 반토막 나며 배당금도 절반 가까이 감소했기에 제 나름의 원칙에 따라 결정한 것이죠. 그러나 이후 여러 가지 호재와 대북 관련주로 주목을 받으면서 주가가 단기간에 급상승해 아쉬움을 안겨주었습니다.

하지만 다시 그때로 돌아간다고 해도 같은 선택을 해야 한다고 생각합니다. 서호전기처럼 아쉽게 이득을 보지 못한 경우보다 원칙대로 행

서호전기 차트(2021년 5월 21일 기준)에서 빨간색으로 v 표시된 부분이 매도 시점이다.

(출처: finance.naver.com)

2016~2021년 배당주 포트 누적 수익률

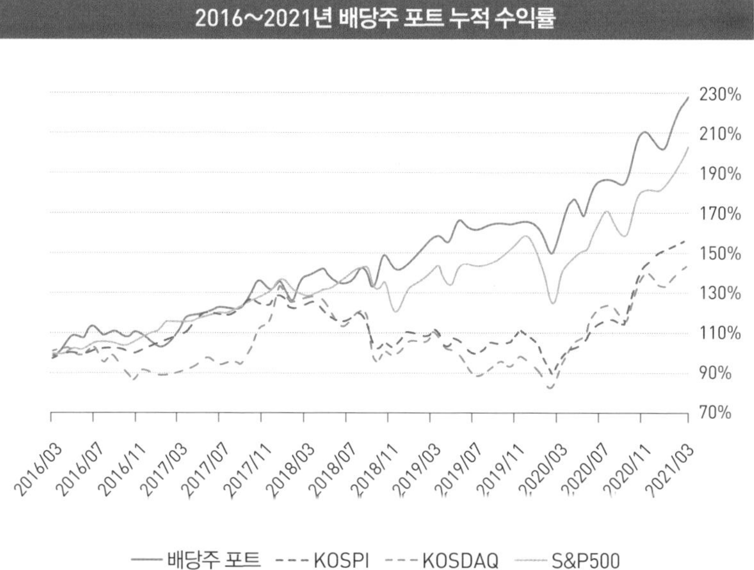

동해서 큰 손실을 피한 경우가 더 많기 때문이죠. 적자가 발생하거나 배당금을 줄인다는 것은 언제 어떤 이벤트에 의해서든 위험에 처할 수 있는 사업구조를 갖고 있다는 것을 말해줍니다. 때문에 이런 상황이 발생했을 땐 주저하지 말고 매도해야 합니다.

앞의 그래프는 저의 배당주 포트폴리오 누적수익률입니다. 앞에서 설명한 단순한 원칙만으로 매년 코스피, 코스닥, S&P500 지수보다 높은 수익률을 올렸습니다. 주식투자를 하면서 모든 게임에서 이길 필요는 없습니다. 개별 종목을 손실 보고 매도한다고 아쉬워할 필요도 없고요. 좋은 배당주인 꽃에 물을 주고 나쁜 배당주인 잡초를 뽑는 과정을 반복하다 보면 제대로 된 몇 가지 종목으로 추려지면서 아주 단단한 포트폴리오가 갖춰지게 됩니다. 이를 잘 유지하기만 해도 장기적으로 좋은 성과가 따라올 것입니다.

월급쟁이 부자를 위한 투자 노트

제2의 월급을 차곡차곡 쌓는 배당금 관리법

엑셀 표 하나로 배당금 관리하기

배당금은 때가 되면 알아서 주식계좌로 들어옵니다. 부동산 월세 받을 때처럼 하루이틀 늦어지는 일도 거의 없이 미리 예정한 날짜에 정확히 들어오죠. 때문에 배당금 내역을 따로 기록할 필요는 없습니다. 하지만 저는 매달 받는 배당금과 앞으로 받을 배당금을 따로 계산해서 관리하고 있습니다.

투자 성격에 따라서 주식계좌가 여러 개 존재하기 때문에 전체 배당금을 파악하기 위함입니다. 또 다른 이유로는 동기부여를 하기 위해서입니다. 지금까지 받은 배당금이 얼마고 앞으로 받을 배당금이 얼마인지 확인하는 과정에서 배당금이 점점 늘어나고 있는 것을 숫자로 확인합니다. 그러면 내가 그동안 뿌린 씨앗이 자라나서 열매가 맺는 것처럼 직관적으로 투자 성과가 보이고 투자를 이어나가는 데 큰 힘이 되지요. 다음 페이지에 나오는 표와 그래프는 엑셀로 배당금을 관리하는 예시이며, 구체적인 관리법입니다.

배당금 관리 표 예시

(단위: 달러, 원)

2021년	1월	2월	3월	4월	5월	6월	7월	8월	9월	10월	11월	12월
종목	O	O	O	O	O	O	O	O	O	O	O	O
	PEP	T	JNJ	PEP	T	JNJ	PEP	T	JNJ	PEP	T	JNJ
				KO			KO			KO		KO
			고려신용정보									
				KT&G								
				이크레더블								
배당금	99.72	99.72	99.72	99.72	99.72	99.72	99.72	99.72	99.72	99.72	99.72	99.72
	65.18	133.93	61.81	65.18	133.93	61.81	65.18	133.93	61.81	65.18	133.93	61.81
				96.75			96.75			96.75		96.75
			1,919,828									
				641,606								
				1,382,787								
합계	186,177	263,798	2,102,200	2,319,804	263,798	182,372	295,411	263,798	182,372	295,411	263,798	291,606
평균	186,177	224,987	850,725	1,217,995	1,027,155	886,358	801,937	734,670	673,303	635,514	601,722	575,879

표에서 주황색으로 칠해진 부분은 미국 주식이며, 각 주식 티커별 기업명은 다음과 같다. 미국 주식의 경우 단위는 달러이며, 합계와 평균은 원화로 바꾼 것이다.
O: 리얼티인컴 | PEP: 펩시 | T: AT&T | JNJ: 존슨&존슨 | KO: 코카콜라
위의 데이터는 예시로 사용한 과거 데이터로 실제 배당금 내역과 다르다. 이에 대한 자세한 설명은 왼쪽의 QR코드를 통해 유튜브 동영상(https://youtu.be/aRuc29QzNhQ)을 참고하자.

1. 종목 칸에 월별로 보유하고 있는 배당주를 나열하고, 이미 받은 배당금이나 앞으로 받을 배당금을 배당금 칸에 기입합니다.
2. 배당금의 실수령액은 세금이나 배당 증가 혹은 감소로 달라질 수 있으므로 미리 적어놓은 배당금 액수는 실제 받은 배당금 액수로 업데이트해줍니다.
3. 월별로 모든 배당금을 합쳐서 매월의 배당금 합계를 구합니다. 이때 달러 배당금의 경우 환율을 계산해 원화로 표시해줍니다.
4. 마지막으로 월평균 배당금을 확인하기 위해서 'Average' 함수로 지난 12개월 기준의 평균 배당금을 계산합니다.

월배당금 그래프 예시

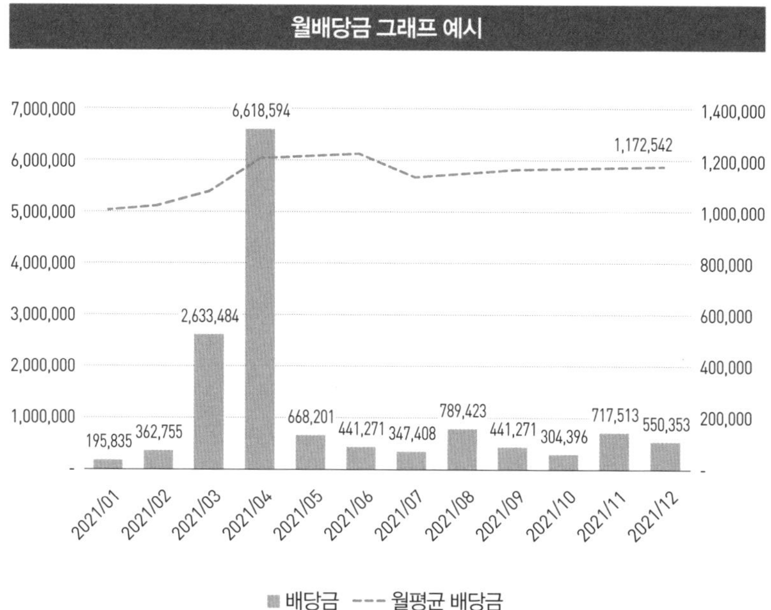

정리한 표를 이용해서 엑셀에서 세로막대형과 꺾은선형 혼합 차트를 이용해서 위의 그래프를 생성합니다. 이렇게 배당금을 정리하면 매달 수령할 예상 현금을 파악할 수 있죠. 또한 월평균 배당금을 통해서 내가 원하는 경제적 자유에 얼마만큼 다가가 있는지도 확인할 수 있습니다.

시간이 축적되면서 배당금도 점점 늘어나 월평균 배당금이 증가하는 것을 볼 수 있고, 그렇게 되도록 만들어나가야 합니다. 지나고 보니 배당금을 꼬박꼬박 기록하며 확인한 더분에 이만큼 모을 수 있었단 생각이 드네요.

배당금으로 생활비를 헤지하기

저는 출근하거나 외출할 때 아이폰을 필수적으로 챙깁니다. 회사 업무를 할 때는 오피스 프로그램인 아웃룩으로 메일을 확인하고, 엑셀로 데이터를 정리하며, 파워포인트와 워드로 보고서를 만듭니다. 동료들과의 티타임은 스타벅스 커피와 함께하고요. 결제는 비자 신용카드로 하고, 저녁 식사를 간단히 할 때는 맥도날드 햄버거를 즐겨 먹습니다. 이때 시원한 코카콜라가 빠질 수 없죠. 저녁엔 삼성전자 텔레비전으로 방송을 시청하며 한가한 시간을 보냅니다. 떠오르는 글감이 있으면 아이맥을 이용해 블로그 글이나 유튜브 스크립트를 적어놓습니다.

이렇게 저의 하루는 수많은 기업들의 상품과 서비스에 둘러싸여 있습니다. 음식처럼 먹자마자 바로 비용을 지불하는 경우도 있고, 스마트폰처럼 기기값을 미리 지불한 후 사용하는 경우도 있고, 신용카드 사용처럼 소비 후 미래에 지불하는 경우도 있죠. 과거, 현재 그리고 미래의 소비가 얽히고설켜서 저의 하루를 만들고 있습니다. 이런 것들을 합리적인 가격에 효율적으로 제공하는 기업들이 있기 때문에 저의 삶은 더 윤택해지고 있습니다. 그러나 다른 측면에서 볼 수도 있습니다. 이런 상품과 서비스를 누리기 위해서는 그 대가를 지불하기 위해 끊임없이 돈을 만들어내야 하는 거죠.

시간이 갈수록 기업은 계속해서 더 나은 제품과 더 좋은 서비스를 개발하고 판매합니다. 사람들은 그것을 얻고 누리기 위해서 더 많은 돈을 벌어야 하는 굴레에 빠지게 되죠. 그래서 분명 버는 돈은 점점 느는데 삶은 쳇바퀴를 도는 것처럼 느껴집니다. 이런 굴레를 벗어나기 위해서는 기업의 편에 다리를 걸치고 우리 인생의 소비를 헤지Hedge(손실 위험 방지)해야 합니다.

한 가지 예로 요즘 통신비가 차지하는 비용이 만만치 않습니다. 최근에 5G서비스가 시작되면서 통신비가 더 비싸지기도 했고요. 예전엔 통신비가 3만 원 내외였는데, 데이터 속도가 빨라지고 사용량도 늘어나면서 이제는 보통 6만~7만 원이 훌쩍 넘습니다. 그런데 사실 저는 이런 통신비에 대한 걱정이 전혀 없습니다. 왜냐하면 제가 쓰는 통신사인 SK텔레콤에게 매년 통신비를 받고 있기 때문입니다.

저는 현재 SK텔레콤 주식을 85주 갖고 있습니다. SK텔레콤은 6년간 매년 1주당 1만 원의 배당금을 지급해오고 있습니다. 그래서 매년 85만 원의 배당금을 받고 여기서 배당소득세 15.4%를 제외한 72만 원가량이 통장계좌에 입금됩니다. 저의 한 달 통신비가 5만~6만 원 수준이므로 배당금 받은 걸로 통신비를 지불하고도 조금 남습니다. 다른 사람들이 오르는 통신요금에 대해 불평할 때 저는 기업의 이익이 높아져 배당금이 오를 것을 예상할 수 있기 때문에 크게 걱정하지 않아요.

SK텔레콤의 배당금과 시가배당률 추이

연도	2011	2012	2013	2014	2015	2016	2017	2018	2019	2020
주당배당금	9,400	9,400	9,400	9,400	10,000	10,000	10,000	10,000	10,000	10,000
시가배당률	6.6%	6.2%	4.1%	3.5%	4.6%	4.5%	3.7%	3.7%	4.2%	4.2%

이렇게 배당금으로 실생활에 들어가는 비용을 헤징할 수 있습니다. 물론 주가 상승에 의한 수익은 덤이죠.

우리가 살아가는 자본주의 시스템 안에서 필수적인 소비를 피할 수 없다면 이렇게라도 스스로 비용을 보상받아야 합니다. 매일 담배를 피우고 있다면 KT&G 주식을 사고, 매년 아이폰을 충성스럽게 구입하고 있다면 애플 주식을 사야 합니다. 우리는 이것이 가능한 기회의 시대에 살고 있습니다. 언제까지 열심히 번 돈을 기업에 갖다 바치기만 할 건가요. 내가 그 기업에 작은 숟가락이라도 얹어서 같이 이득을 봐야 합니다. 이것이 자본주의 사회를 지혜롭게 살아가는 방법입니다.

바쁜 직장인 투자자를 위한
원페이지 정리

배당주 매수할 때 알아야 할 3가지 기준

첫째, 매출과 순이익이 장기간 증가하는 종목을 골라야 한다. 둘째, 배당금을 빠짐없이 지속적으로 지급하는 종목이어야 한다. 셋째, 적정한 수준의 배당성향을 유지해야 하며, 단순히 높은 시가배당률에 속으면 안 된다.

배당금이 점점 늘어나는 3단계 투자 방법

첫째, 이익과 배당금이 지속적으로 증가하는 배당주 5~10개 내외로 포트폴리오를 구성한다. 둘째, 각 종목이 최근 지급한 배당금을 현재 주가로 나눠 종목별 시가배당률을 파악한다. 셋째, 시가배당률 가중 매수 방식으로 비교적 저렴한 배당주를 계속 사 모으며 배당금을 늘린다.

배당주 매도할 때 알아야 할 3가지 원칙

첫째, 주당순이익이 마이너스면 매도하라. 배당금은 결국 기업의 이익에서 나오는데 순이익이 마이너스라면 쌓아놓은 자산을 사용해서 배당금을 지급해야 한다. 그런 배당금은 나쁜 배당금이다. 둘째, 배당금이 줄었다면 매도하라. 셋째, 매출과 이익의 정체로 기업 가치가 오르지 않는다면 매도하라.

제5장

세계 1등 기업의 주주가 되는 길, 미국 주식투자

"내가 주식시장에서 성공할 수 있었던 요인은
미국에서 백인 남성으로 태어난 엄청난 행운 때문이다."

_워런 버핏

2년 반 동안 단 1주도 팔지 않은 미국 주식

저는 2018년 8월부터 미국 주식투자를 시작했습니다. 그전까지 미국 주식은 말 그대로 다른 나라 이야기라고만 생각했습니다. 하지만 당시 주식 카페와 블로그 등을 통해서 미국 주식과 관련한 다양한 정보들이 넘쳐나기 시작했습니다.

처음에는 다른 나라 주식시장에 직접 투자를 한다는 것에 심리적 장벽을 느끼기도 했습니다. 하지만 막상 알아보니 한국 주식투자와 별다를 게 없더군요. 그저 해외 주식용 계좌를 하나 더 만들고 달러로 환전하는 절차만 추가될 뿐 스마트폰 앱을 이용하면 주식을 사고파는 건 전혀 어렵지 않았습니다.

미국 주식도 결국 '돈 잘 버는 기업'에 투자하는 것

저의 주식투자 방식은 산업에 대해 깊이 분석하거나 미래 전망을 공부하고 타이밍을 재는 쪽이 아닙니다. 직장인이다 보니 그렇게 세세하게 살펴보거나 특수한 정보를 찾아내서 투자할 시간과 에너지가 부족합니다.

그렇다고 주가 그래프를 보고 순발력 있게 대응하며 단기매매를 할 수 있는 끼도 없는 것 같고요. 그저 돈을 꾸준히 잘 벌어왔고 앞으로도 잘 벌 수 있을 만한 경쟁력을 갖춘 기업에 투자하고 있습니다. 즉 공개적으로 제공되는 사업보고서와 실적 등을 보고 기업을 판단하는 것이죠. 이런 면에서 볼 때 미국 주식도 동일한 방법으로 접근할 수 있었고, 미국은 그런 우량기업을 찾기에 더 좋은 환경이었습니다. 다행히 미국 주식투자에서도 저의 접근 방식은 잘 맞았습니다.

옆의 그림은 제가 보유한 종목과 비중입니다. 대부분 제가 일상생활을 하면서 사용했거나 앞으로도 계속 사용할 제품이나 서비스를 만드는 기업이죠. 부동산기업인 리얼티인컴Realty Income이나 통신기업 AT&T 그리고 워런 버핏이 운영하는 버크셔해서웨이 정도만 제가 직접적으로 이용하지 않는 기업입니다. 그렇지만 이 기업들도 경쟁력을 갖고 장기간 돈을 잘 버는 기업인 것은 마찬가지입니다.

엔비디아
NVDA 14%
리얼티인컴
O 12%
애플
AAPL 10%
비자
V 7%
마이크로
소프트
MSFT 7%
스타벅스
SBUX 6%
알파벳
클래스A(구글)
GOOGL 5%
3M
MMM 5%
펩시
PEP 4%
디즈니
DIS 4%
코카콜라
KO 5%
AT&T
T 4%
P&G
PG 3%
아마존
AMZN 3%
존슨앤
존슨
JNJ 5%
맥도날드
MCD 3%
페이스북
FB 2%
버크셔
해서웨이
클래스B
BRK.B 2%
보잉
BA
1%

주식 이름에 붙는 'CLASS'는 무슨 의미일까?

미국 주식에는 'class'라는 개념이 있는데, 보통은 주당 의결권에 차이를 두어 회사 창립자의 경영권을 방어하는 수단으로 사용한다. 단 기업마다 클래스별 의결권 적용 구성은 다르다. 티커명에서도 구분이 된다. 대표적인 사례로 구글이 속한 알파벳과 워런 버핏의 버크셔해서웨이를 보자.

버크셔해서웨이 클래스A는 상장 이후 단 한 번도 액면분할을 하지 않아 1주당 가격이 2021년 8월 현재 약 42만 달러로 어마어마하게 비싸다. 이처럼 높은 가격은 개인투자자들이 투자하기 어렵게 만들었다. 이를 해소하고자 클래스A의 1/30 가격인 클래스B 주식을 발행했다. 이후 클래스B는 1/50 가격으로 액면분할하여, 클래스A 대비 1/1500 가격 수준을 유지 중이다. 여기서 클래스A는 1개의 의결권을 갖는 반면에, 클래스B는 1/10,000개의 의결권을 갖는다.

알파벳 클래스A는 1주당 의결권 1표를 갖는다. 알파벳 클래스B는 1주당 의결권 10표이며, 비상장 주식으로 창립자인 래리 페이지와 세르게이 브린 그리고 에릭 슈미트가 소유하고 있다. 알파벳 클래스C(GOOG)는 의결권이 없다.

주식을 팔지 않고도 자산이 느는 이유

저는 미국 주식을 시작한 이래로 계속해서 해당 기업의 지분을 사 모았습니다. 그리고 2년이 넘는 투자 기간 동안 단 한 주의 주식도 팔지 않았습니다. 주식을 사기 전에 장기간에 걸쳐 성과가 좋았고 앞으로도 그럴 경쟁력을 갖춘 기업을 골랐기 때문에 매도할 이유가 없었죠. 옆의 이미지는 미국 주식 매수 이후 한 번도 매도하지 않은 모습을 보여줍니다.

이렇게 해서 2018년 8월부터 2021년 4월까지의 평가액 기준 수익률은 45%이고, 연평균으로 계산하면 28%의 수익률을 기록했습니다. 단순히 좋은 기업의 포트폴리오를 구성하여 장기간 사 모으겠다는 마음 편한 방법으로도 괜찮은 성과를 얻을 수 있었습니다.

물론 이 기간 동안 미국 주식시장이 전체적으로 오르기도 했습니다. 그래도 같은 기간 S&P500 지수의 연평균 13%보다 나은 성과를 냈고 2018년 말과 2020년 초 두 번의 큰 하락을 잘 견뎌냈기에 나쁘지 않은 투자 방식이었다고 생각합니다. 무엇보다 이런 방식의 투자가 가능했던 것은 세계에서 가장 큰 미국시장에서 최고의 기업들을 샀기 때문일 겁니다.

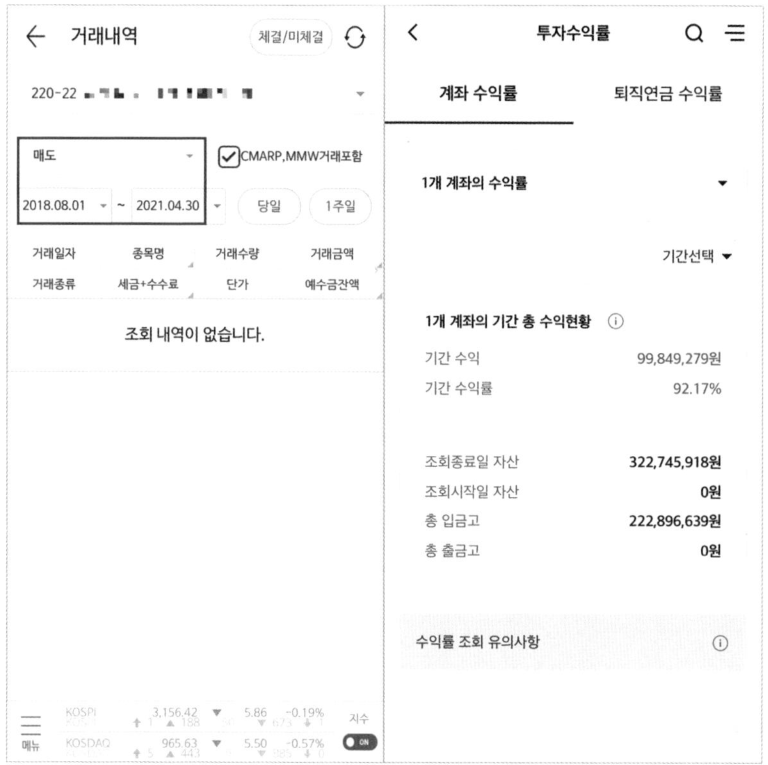

2021년 4월 기준 미국 주식계좌 거래 내역.

미국 주식을 사 모아야 하는 이유

한국에서 태어나고 자라다 보니 당연히 한국 기업의 주식을 사는 것으로 주식투자를 시작했습니다. 삼성전자 TV, LG 전자 냉장고, SK텔레콤 폰과 인터넷 요금제, KT&G 홍삼 등 제가 살아오면서 보고 접한 제품과 서비스를 제공하는 기업들이라 매우 친숙했죠. 그런데 사실 저의 일상을 유지해주는 제품과 서비스가 한국 기업에 국한된 것만은 아니었습니다. 어렸을 때부터 사용한 존슨앤존슨 로션, 코카콜라, 맥도날드 등 무수히 많은 제품이 미국 회사들의 것이었죠. 지금은 단 하루도 애플의 아이폰, 구글의 유튜브, 마이크로소프트의 오피스 프로그램 없이는 생활과 업무가 불가능합니다. 그리고 이런 기업의 제품들은 우리나라뿐만 아니라 전 세계에서 소비되고 있습니다.

전 세계의 돈이 모이는 시장 그리고 좋은 기업들

전 세계의 국가별 주식시장 비중을 보면 미국이 절반 이상을 차지합니다. 즉 막대한 투자금이 미국에 모인다는 의미입니다. 이는 미국 주식에 대한 높은 수요를 보여주기도 하지만 반대로 막대한 수요를 받아들일 만한 훌륭한 기업들이 많음을 뜻하기도 합니다. 한국 주식시장 전체의 시가총액과 맞먹는 애플을 비롯해 마이크로소프트, 아마존, 구글, 페이스북, 버크셔해서웨이 등 한국 1등 종목인 삼성전자를 뛰어넘

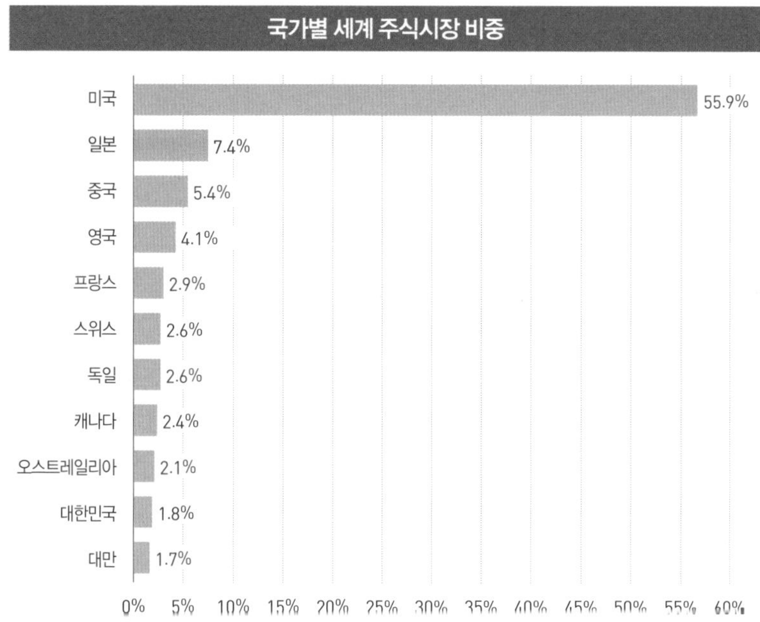

2021년 1월 기준으로 세계 주식시장에서 미국은 55.9%, 한국은 1.8%를 차지한다. (출처: www.statista.com)

는 기업이 다수 존재합니다.

사실상 미국은 초강대국으로 전 세계의 경제와 문화를 이끌어가고 있습니다. 그리고 문화산업을 통해서 기업의 홍보가 자연스럽게 이루어지고 있지요. 이처럼 미국의 상품은 전 세계로 진출할 수 있는 든든한 배경을 갖고 있습니다. 현재 한국에서 코카콜라와 스타벅스를 자연스럽게 즐기고 있는 것처럼 다른 수많은 나라에서도 미국의 상품을 일상적으로 사용하고 있습니다. 반면 한국 기업의 칠성사이다와 이디야커피가 전 세계로 수출되어 성장할 수 있을까요? 그러길 바라는 마음은 크지만 아마 쉽지는 않을 것입니다.

미국 기업은 세계를 상대로 사업을 펼치고 있어서 기업의 확장성이 큽니다. 미국에서 1등을 하면 전 세계에서도 1등을 할 수 있을 거라는 믿음이 있죠. 그만큼 이익 증가에 따른 큰 가치 성장을 기대할 수 있고, 이는 장기적으로 주가의 우상향을 전망하게 만듭니다.

투자자에게 유리한 돈의 선순환 구조

전 세계적인 수요와 더불어 미국 국민도 주식에 대한 관심이 높습니다. 미국 대부분의 직장인이 '401K 퇴직연금'을 통해서 기업의 주식을 보유하고 있습니다. 확정급여DB형 가입자가 확정기여DC형보다 월등하게 높은 한국의 상황과는 정반대입니다. 미국은 이 연금제도를 통해서 얻은 이익에 대해 최대한 과세를 제외해주고, 은퇴 후 계좌에서 연금을 인출할 때도 낮은 소득세율을 적용해줍니다. 대신 중도에 연금을 해지할 경우 높은 소득세와 위약금을 내도록 합니다.

이는 자연스럽게 미국 주식시장에 장기투자를 하도록 유도합니다. 이런 식으로 주식시장에 자금이 계속해서 흘러들어오니 미국에 상장된 기업은 지속적으로 투자자금을 수혈받을 수 있고, 그 기업이 성장을 통해 투자자에게 열매를 나눠주는 선순환이 일어납니다.

이렇게 돈이 몰리는 시장이라서 좋은 기업이 많은 것인지 좋은 기업이 많아서 돈이 몰리는 것인지 그 선후관계는 명확하지 않습니다. 하지만 확실한 건 미국 주식시장에는 좋은 기업이 많다는 것이죠. 여기서 좋은 기업이란 장기간 돈을 잘 벌고 앞으로도 그럴 경쟁력을 갖춘 기업을 말합니다. 객관적인 지표로 말하면 장기간 ROE를 높게 유지해왔고 앞으로도 높은 ROE를 유지하기 위해 자본을 효율적으로 운영하는 기업을 뜻합니다.

미국 기업은 주주를 대하는 방식이 다르다

주주가 투자한 기업에 기대하는 것은 자신이 제공한 자본을 효율적으로 사용해서 최대의 이익을 내는 것입니다. 이는 이익을 자본으로 나눈 ROE로 나타납니다. ROE가 낮으면 투자한 자본 대비 이익이 작고, ROE가 높으면 투자한 자본 대비 이익이 크다고 할 수 있습니다.

단순히 이익의 크기만으로는 주식의 좋고 나쁨을 판단할 수 없습니다. 돈을 많이 버는 기업의 주식이 반드시 좋은 주식인 것은 아닙니다. 투자한 자본 대비 어느 만큼의 이익을 얻느냐가 주주에게 득이 되고 실질적으로 주식투자에서 중요한 지표가 됩니다.

| 주주에게 이익이 돌아가는 시스템

미국 주식시장은 한국 주식시장에 비해 ROE가 높습니다. 2013년부터 2017년까지 평균 ROE를 보면 미국은 약 14%인 반면, 한국은 9%에 머물고 있습니다. 이마저도 시가총액 상위 2개 기업인 삼성전자와 SK하이닉스를 제외하면 약 7%로 낮아지죠. 1억 원을 10년 동안 투자한다고 가정할 때 미국시장에 투자하면 3.7억 원이 되지만, 한국시장에 투자하면 2.36억 원으로 큰 차이가 나게 됩니다.

이런 ROE의 차이에는 여러 가지 이유가 있겠지만 제가 생각하는 근본적인 이유는 '주주환원'과 관련이 있습니다. 주주환원 방법에는 배당과 자사주 매입이 있습니다. 기업 내에 쌓인 자본을 주주에게 배

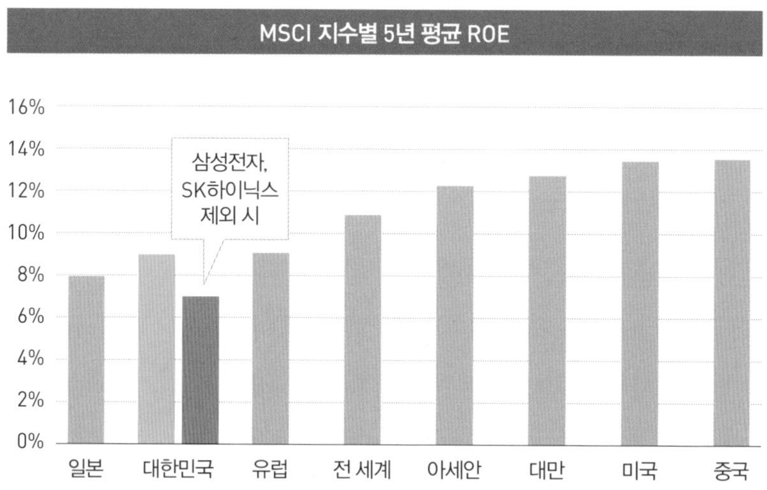

2013~2017년 기준 데이터이며, 여기서 'MSCI 지수'는 미국 투자은행 모건스탠리가 발표하는 세계 주가지수다.
(출처: Factset, MSCI)

당금으로 나눠주거나 기업이 자사의 주식을 매입하여 소각하는 것입니다. 기업이 자사주를 매입해 소각하면 주식의 개수가 줄어들면서 기존에 주식을 갖고 있던 주주의 지분이 증가하는 효과가 일어나죠. 또한 주식을 없애면서 자본이 줄어들기 때문에 자본 대비 이익인 ROE도 증가하게 됩니다. 즉 2가지 주주환원 방식이 결과적으로 자본효율을 높이는 것이죠.

미국 주식시장에 상장된 기업의 대부분은 전문경영인에 의해 운영되는데, 이들이 주가나 주주환원도에 따라서 평가받는 경우가 많아 이에 적극적입니다. 주주환원 중에서도 자사주 소각은 배당과 다르게 세금이 쓰이지 않아서 더 나은 주주환원 방법으로 선호되고 있습니다.

내 자본이 대우받는 곳은 어디인가

옆의 그래프에서 볼 수 있듯이 미국시장은 배당과 자사주 매입에 의한 주주환원에 적극적입니다. 배당금을 나타내는 배당성향과 순이익 대비 자사주 매입금액을 나타내는 자사주 매입성향을 합치면 순이익 대비 거의 100%에 가깝습니다. 즉 기업이 벌어들이는 돈을 그저 기업 내에 유보하지 않고 적극적으로 주주에게 환원하는 총주주환원율이 높은 거죠. 총주주환원율은 당기순이익에서 배당금 총액, 자사주 매입금 등을 더한 주주환원 금액이 차지하는 비율을 의미하는데 한국시장은 안타까울 정도로 낮습니다. 저는 이것이 코리아 디스카운트의 실체

MSCI 지수별 7년 평균 총주주환원율

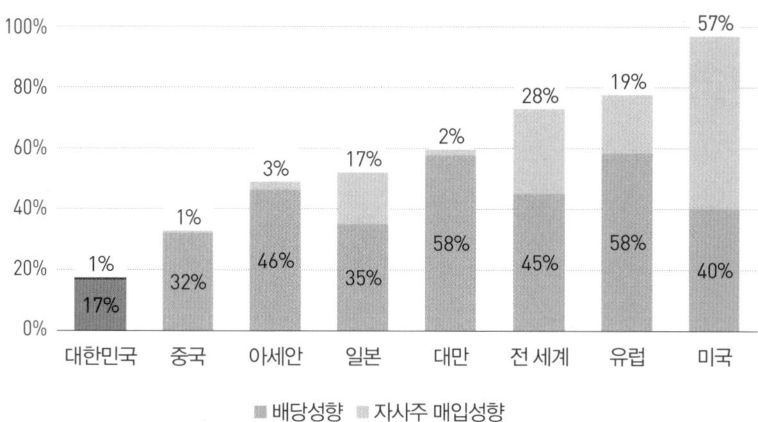

2011~2017년 기준으로, 여기서 '평균 총주주환원율'은 배당금 지급액과 자사주 매입금액을 합한 금액을 당기순이익으로 나눈 비율을 뜻한다. (출처: Factset, MSCI)

라고 생각합니다.

미국은 자본주의가 가장 발달한 나라입니다. 자본주의의 꽃이라 불리는 주식시장도 전 세계 어느 나라보다 선진화되어 있습니다. 기업은 주주의 것이고, 모든 주주는 평등하다는 사실이 법적으로 제도적으로 강력하게 적용되고 있습니다. 당연한 모습 같지만 그렇지 못한 것이 한국시장의 현실이기도 하죠. 그러므로 **나의 자본이 좀 더 대우받고 효율적으로 사용되는 미국시장으로 흘러가는 것은 거스를 수 없는 추세라고 생각합니다.**

미국 주식 잘 사는 2가지 방법

미국 주식 중에는 분명 좋은 종목이 많습니다. 이에 반해 미국 주식투자에 대한 정보가 아직까지는 충분하지 않습니다. 한국 기업에 대해서는 한국에서 태어나고 자라면서 자연스레 알게 되는 것들도 많고, 직장생활을 하면서 혹은 지인들에게서 자연스럽게 정보를 얻게 됩니다. 각종 뉴스나 언론을 통해서 접하기도 하고요.

반면에 미국 기업은 물리적으로 멀리 떨어져 있기도 하고 온라인을 통해서도 언어의 장벽 때문에 쉽게 정보를 얻기 어렵다고 여깁니다. 그래서 결국 한국 뉴스나 매체에 의존해서 이슈가 되는 기업들 위주로 미국 주식투자를 하게 됩니다. 그런데 잘 아시겠지만 한국 주식이나 미국 주식이나 남의 말만 듣고 투자하면 결과는 좋지 않습니다.

지속 성장하며 롱런할 기업을 찾는다

미국 주식에 투자하는 저만의 방법 중 첫 번째는 내가 오래전부터 알고 있었으며, 실제로 사용하는 상품과 서비스를 제공하는 기업의 주식을 매수하는 것입니다. 예를 들면 코카콜라, 펩시, 맥도날드, 스타벅스, P&G, 존슨앤존슨, 비자 등입니다. 제가 어린 시절에도 존재했고 지금까지도 건재한 기업들입니다. 20~30년 동안 굳건하게 돈을 잘 벌었고 앞으로도 그럴 가능성이 높은 기업들이지요.

출장이나 여행 등으로 미국에 방문할 때마다 느끼는 것이지만, 위와 같은 기업들이 제공하는 제품과 서비스는 미국 생활에서 떼려야 뗄 수 없는 존재들입니다. 어디를 가든지 스타벅스 커피를 마시고 식사와 함께 자연스레 코카콜라를 주문합니다. 현금 대신 카드를 사용하는 비중이 점점 늘어나고 카드로 지불하는 팁도 당연시됩니다. 이들 기업은 미국뿐만 아니라 전 세계적으로 일상의 일부분이 되었고 앞으로도 오랫동안 지속될 것입니다.

'린디 효과'Lindy Effect라는 이론이 있습니다. 기술과 아이디어같이 부패하지 않는 것들이 미래에도 사라지지 않고 얼마나 더 생존할 수 있을지는 현재까지 살아남은 시간에 비례해서 예측할 수 있다는 것입니다. 쉽게 말하면 올해 발매된 인기 가수의 노래보다 100년 전부터 전해오는 고전음악이 앞으로 100년 뒤에도 불리거나 연주될 확률이 높다는 것이죠. 이와 마찬가지로 새로운 기술로 급격히 상승하는 기업보다는 20년의 세월 동안 내 곁에서 상품과 서비스를 제공해온 기업이 앞으로 20년 후에도 그럴 가능성이 높습니다.

배당을 꾸준히 늘려온 귀족 기업을 찾는다

두 번째 방법은 배당금을 꾸준히 지급하는 주식을 매수하는 것입니다. 기업이 배당금을 줄이지 않고 계속해서 주고 게다가 점점 늘려간다는 것은 어떤 의미일까요? 그것은 경영을 잘하고 있으며 앞으로도 그럴 가능성이 높다는 중요한 증거를 포함하고 있습니다. 기업의 매출, 영업이익, 순이익, 현금흐름 등 각종 지표를 자세히 보려면 많은 시간과 노력이 필요합니다. 이런 지표들을 전부 통틀어서 반영한 것이 바로 '배당의 연속성과 성장'입니다. 이때도 높은 배당률에만 집착하지 말고, 장기적으로 꾸준한 배당 성장이 가능한 기업인지를 판단해야 합니다.

한 기업이 얼마나 오랫동안 꾸준히 배당을 성장시켜왔는지는 디비던드 사이트(dividend.com)에서 쉽게 확인할 수 있습니다. 그리고 스탠더드앤드푸어스S&P; Standard&Poor's에서 발표하는 S&P500 배당귀족Dividend Aristocrats 리스트도 참고하면 좋습니다. 여기에는 S&P500 지수에 포함되면서 시가총액이 30억 달러 이상이며 최소 25년간 연속해서 배당금을 늘린 기업이 해당합니다. 가치주와 성장주를 포함한 약

50여 개의 대형기업들로 구성되어 있으며, S&P지수의 11개 섹터에 걸쳐 분포되어 있습니다. 한편 50년 이상 배당을 늘려온 기업은 배당왕Dividend King이라고 부릅니다. 이 기업 리스트는 슈어디비던드 사이트(suredividend.com)에서 얻을 수 있습니다.

배당귀족주 리스트를 통해서 최소 25년 이상 배당금을 증가시키고 있는 기업들을 확인할 수 있습니다. 배당귀족에 포함된 종목 중에서 내가 오랫동안 알고 있는 기업을 매수 대상으로 삼는 것도 괜찮은 출발점이 될 수 있습니다.

2021년 S&P500 배당귀족

기업명	티커	섹터	배당 성장 연수
Dover Corp.	DOV	산업재	65
Genuine Parts Co.	GPC	임의소비재	65
Procter & Gamble Co.	PG	필수소비재	65
Emerson Electric Co.	EMR	산업재	64
3M Co.	MMM	산업재	63
Cincinnati Financial Corp.	CINF	금융	60
Coca-Cola Co.	KO	필수소비재	58
Colgate-Palmolive Co.	CL	필수소비재	58
Johnson & Johnson	JNJ	헬스케어	58
Lowe's Cos., Inc.	LOW	임의소비재	57
Hormel Foods Corp.	HRL	필수소비재	55
Federal Realty Investment Trust	FRT	부동산	53
Stanley Black & Decker Inc.	SWK	산업재	53
Target Corp.	TGT	필수소비재	53
Sysco Corp.	SYY	필수소비재	51
W.W. Grainger Inc.	GWW	산업재	50

기업명	티커	섹터	배당 성장 연수
Abbott Laboratories	ABT	헬스케어	49
Abbvie Inc.	ABBV	헬스케어	49
Becton, Dickinson And Co.	BDX	헬스케어	49
Kimberly-Clark Corp.	KMB	필수소비재	49
PepsiCo Inc.	PEP	필수소비재	49
PPG Industries, Inc.	PPG	원자재	49
Leggett & Platt, Inc.	LEG	임의소비재	48
S&P Global Inc.	SPGI	금융	48
VF Corp.	VFC	임의소비재	48
Walmart Inc.	WMT	필수소비재	48
Consolidated Edison, Inc.	ED	유틸리티	47
Nucor Corp.	NUE	원자재	47
Archer Daniels Midland Co.	ADM	필수소비재	46
Automatic Data Processing Inc.	ADP	산업재	46
Illinois Tool Works, Inc.	ITW	산업재	46
McDonald's Corp.	MCD	임의소비재	45
Walgreens Boots Alliance Inc.	WBA	헬스케어	45
Pentair plc.	PNR	산업재	44
Clorox Co.	CLX	필수소비재	43
Medtronic Plc.	MDT	헬스케어	43
Sherwin-Williams Co.	SHW	원자재	43
Franklin Resources, Inc.	BEN	금융	41
Aflac Inc.	AFL	금융	39
Air Products & Chemicals Inc.	APD	원자재	39
Cintas Corporation	CTAS	산업재	38
Exxon Mobil Corp.	XOM	에너지	38
Atmos Energy Corp.	ATO	유틸리티	37
Ecolab, Inc.	ECL	원자재	35
T. Rowe Price Group Inc.	TROW	금융	35
Cardinal Health, Inc.	CAH	헬스케어	34
Chevron Corp.	CVX	에너지	34
McCormick & Co., Inc.	MKC	필수소비재	34

기업명	티커	섹터	배당 성장 연수
Brown-Forman Corp.	BF.B	필수소비재	31
People's United Financial Inc.	PBCT	금융	29
General Dynamics Corp.	GD	산업재	28
Linde Plc.	LIN	원자재	28
Roper Technologies Inc.	ROP	산업재	28
A.O. Smith Corp.	AOS	산업재	27
Caterpillar Inc.	CAT	산업재	27
Chubb Limited	CB	금융	27
West Pharmaceutical Services, Inc.	WST	헬스케어	27
Albemarle Corp.	ALB	원자재	27
Expeditors International Of Washington, Inc.	EXPD	산업재	27
International Business Machines Corp.	IBM	IT	26
Realty Income Corp.	O	부동산	26
Essex Property Trust, Inc.	ESS	부동산	26
NextEra Energy, Inc.	NEE	유틸리티	25

(출처: suredividend.com)

위와 같은 기준으로 미국 주식 포트폴리오를 만듭니다. 그런 후에는 매주 혹은 매월 여유자금이 생기는 대로 꾸준히 분산하며 주식을 모아 가면 됩니다. 개별 기업의 주가 등락에 신경 쓰지 말고 자잘한 뉴스에도 민감하게 반응할 필요 없습니다. 회사의 존폐에 영향을 미치는 큰 사건이 발생하거나 적자가 발생하지 않는다면 말이지요. 이미 오래전부터 나의 삶과 함께해왔고 자식 세대까지도 그 영향이 미칠 수 있는 제품과 서비스를 제공하는 기업을 골랐다면 걱정할 필요 없습니다.

태평양 건너 미국 기업이 만들어내는 상품과 서비스를 내가 사용한다는 건 중국이나 동남아 그리고 아프리카에서도 쓰고 있거나 쓰게 될 확률이 높다는 것을 뜻합니다. 그저 정원에 물을 주듯 주기적으로 추가 매수를 하고 전 세계를 상대로 사업을 하며 성장하는 기업의 성과를 나눠 받으면 됩니다.

테슬라를 살까, 코카콜라를 살까

미국 주식에 투자하다 보면 행복한 고민에 빠지게 됩니다. 좋은 주식이 많기 때문이지요. 코카콜라, 펩시, 맥도날드, 존슨앤존슨, P&G 등 전통적인 배당주부터 페이스북, 애플, 아마존, 마이크로소프트, 구글, 테슬라 같은 빅테크 성장주까지 다양한 선택지가 있습니다.

그렇다면 전통 배당주와 기술성장주 중에서 어떤 기업을 사야 할까요? 앞서 소개한 배당귀족주처럼 미국 기업 중에는 수십 년간 배당을 꾸준히 증가시켜온 기업이 많습니다. 하루아침에 만들 수 있는 기록이 아니기 때문에 많은 기업이 배당귀족주가 되기 위해 그리고 이 리스트에서 제외되지 않기 위해 노력합니다.

성장이냐 배당이냐, 그것이 문제로다

"우리는 25년간 그래왔던 것처럼 안정적이고 성장하는 이익과 배당에 초점을 맞춰 사업을 이어나갈 것입니다."

2020년에 배당귀족주로 포함된 미국의 상업 부동산 임대기업인 리얼티인컴의 CEO 수미트 로이Sumit Roy의 말입니다. 월배당금을 지급하는 것으로 유명한 리얼티인컴은 주주에게 장기간에 걸쳐 안정적인 배당금을 지급하는 것을 사명으로 삼고 있습니다. 그것을 훌륭히 해내는 것을 자랑스러워하는 모습이 인상적입니다. 회사의 주주환원에 대한 의지를 엿볼 수 있는 대목이죠. 투자자로서는 고민할 것 없이 돈을 잘 굴려서 주주에게 돌려주려고 노력하는 이런 기업에 내 돈을 맡겨놔야 합니다.

반면에 기술성장주의 경우 배당금 지급에 공을 들이지는 않습니다. 하지만 최근 빅데이터와 인공지능 시대로 접어들며 급격한 산업 변화에 발맞춰 놀라운 성장세를 보여주고 있습니다. 그래서 FANGMANFacebook, Apple, Netflix, Google, Microsoft, Amazon, Nvidia과 같은 기업들이 미국 주식시장의 시가총액 상위권을 휩쓸고 있는 것이지요.

이들 대부분은 플랫폼 기업으로 우리의 일상 속에 깊숙이 들어와 있습니다. 지하철, 버스, 카페 등에서 사람들이 무엇을 하고 있는지 유심히 살펴보시기 바랍니다. 유튜브, 페이스북, 인스타그램, 넷플릭스를 보고 있는 사람이 절반은 넘을 거예요. 빅테크 기업은 현대인의 모든 관심을 빨아들이고 있습니다. 전통적인 소비재 기업과 마찬가지로 이런 기업들의 상품과 서비스가 생활필수품이 되어가고 있는 것입니다. 이처럼 많은 사람의 관심은 결국 기업의 수익으로 이어집니다.

실제로 얼마를 버느냐가 답이다

눈코 뜰 새 없이 빠른 속도로 변화하는 세상에 안주해 있다 보면, 어느 날 혹은 서서히 나의 일자리가 위협받을 수도 있습니다. 누군가가 '재택근무'Work from Home를 맞이할 때 누군가는 '회사에서 집으로'Home from Work의 상황을 맞이할 수도 있는 것이죠. 그런 상황을 헤지하기 위해서라도 산업의 변화에 따른 유망 기업에 지속적인 관심을 가져야 합니다. 하지만 2000년대 초반 닷컴버블 때처럼 새로운 기술이 나타나는 시기에는 수많은 신생 기업이 등장합니다. 아무리 좋은 아이디어의 제품과 서비스를 제공한다고 해도 장기적으로 어떤 기업이 살아남을지는 장담할 수 없어요. 내가 벤처투자자가 아닌 이상 나의 소중한 돈을 날릴 위험이 있는 곳에 투자할 순 없습니다.

따라서 기술성장주에 투자하더라도 안정적으로 돈을 잘 버는 게 확인된 기업에 투자하는 것이 올바른 방법입니다. FANGMAN에 속하는 핫한 기업들은 실제로 돈을 벌어서 이를 증명하고 있습니다. 이들 기업은 임상 결과를 기다리는 제약·바이오 기업처럼 현재의 실적 없이 미래의 희망만을 내세우지 않습니다.

기업이 돈을 잘 버는지 확인할 수 있는 대표적인 지표는 자본 대비 이익을 수치화한 ROE입니다. 결국 **배당주든 기술성장주든 중요한 건 '주주의 자본을 이용하여 얼마나 많은 이익을 만들어내느냐'**입니다. 장기간에 걸쳐서 말이지요. 그래서 어떤 성향의 주식이든 간에 장기간 ROE를 높게 유지하는 기업이 궁극적으로 배당금이든 주가 상승이든 주주에게 보상을 가져다줄 것입니다.

달러 환전부터 미국 주식 거래까지 실전 노하우

매수할 만한 좋은 미국 주식을 골랐다면 거의 다 한 것입니다. 그다음 단계는 한국 주식에 투자할 때와 크게 다른 점이 없습니다. 좋은 주식의 실적을 지켜보며 장기간 보유하면 되는 것이지요. 특히 시차로 인해 잠자는 시간 동안 미국 시장의 실시간 주가 등락을 확인할 수 없기 때문에 우량주를 선별해서 투자했다면 한국 주식보다 오히려 신경을 덜 쓸 수 있습니다.

그런데 미국 주식을 처음 접하는 이들이 투자를 망설이는 이유는 따로 있습니다. 매수와 매도 과정에서 미국 주식만이 갖는 특수한 점, 즉 '환전과 세금'에 관련된 부분입니다.

환전은 언제 하는 게 유리할까?

미국 주식을 사기 위해서는 먼저 달러가 필요합니다. 그래서 원화로 달러를 사는 환전 과정이 반드시 따라오죠. 그런데 1달러를 사는 데 드는 비용인 원달러 환율은 시시각각 변합니다. 2020년의 경우를 보면 원달러 환율의 최고가는 1,296원이고 최저가는 1,087원으로 19%나 차이가 났습니다. 즉 환전을 언제 하느냐에 따라서 미국 주식을 매수할 때 같은 돈으로 19%나 적은 양의 주식을 사는 경우도 생깁니다. 그래서 환전 타이밍에 대해 고민하는 투자자가 많습니다.

그런데 저는 환전을 할 때 환율이 오르거나 내리거나 신경 쓰지 않습니다. 시기에 따라 달러를 사는 데 더 많은 원화를 써야 한다는 게

최근 5년간의 원달러 환율 추이를 보여주는 차트(2021년 5월 21일 기준). (출처: finance.naver.com)

안타깝기는 합니다만, 경험으로 볼 때 환율은 예측 불가의 영역이라고 판단했습니다. 환율에는 두 나라의 경제 상황뿐만 아니라 세계 정세와 여러 가지 사건들이 영향을 미칩니다. 이런 엄청난 규모의 거시경제에 의한 결과물인 환율의 변동을 제가 예측할 재량이 없다는 것을 깨달았죠. 환율을 전망하는 전문가들을 많이 보긴 했지만, 그들 중에서 몇 년 넘게 장기간의 환율 변동을 정확히 예측한 사람은 아직 보지 못했습니다.

단순히 '환율이 오른다, 내린다' 정도의 전망을 5년 연속으로 맞히는 전문가는 몇몇 있습니다. 50%의 확률을 5번 연속으로 맞힐 수 있는 확률은 3%이기 때문에 전문가 100명 중에서 3명은 우연히 맞힐 수 있을 겁니다. 그런데 10년 연속으로 맞힐 확률은 0.1%이기 때문에 100명 중 한 명도 어렵겠지요. 단순히 1년에 한 번 오르는지 내리는지 맞히는 것도 이렇게 어려운데 매번 환율 예측을 정확히 한다는 것은 불가능한 영역이라 할 수 있습니다.

어쨌든 저는 몇 년에 걸쳐 환율의 변동을 맞혔다는 전문가에 대해 들은 바가 없습니다. **전문가도 힘든 일인데 제가 할 수 있을 거라는 생각은 아예 하지 않습니다. 그래서 저는 환율 예측은 깨끗하게 포기하고 주식을 사야 할 시점의 환율로 그냥 삽니다.** 쉽게 말해서 시가에 거래를 하고 있는 셈이지요. 단기간의 환율 차이 때문에 답도 없는 고민을 하는 것보다는 그 시간에 차라리 주식을 매수해서 하루라도 더 보유하고 한 번이라도 더 배당을 받는 편이 훨씬 생산적이라고 생각합니다.

미국 주식의 세금은 어떻게 계산할까?

사실 환율보다 더 크게 신경 쓰이는 부분은 세금입니다. 이때 세금은 '배당에 대한 세금'과 '양도 차익에 대한 세금'으로 나눌 수 있습니다. 배당금에 대한 세금인 배당소득세의 경우는 한국 주식과 미국 주식이 비슷합니다.

한국 주식은 14%의 배당소득세에 지방소득세 1.4%를 더해서 총 15.4%의 세금을 원천징수한 후 배당금이 계좌로 입금됩니다.

미국 주식의 경우는 배당소득세가 15%인데요, 이는 한국의 배당소득세보다 높으며 추가적으로 세금을 떼지는 않습니다. 미국 주식은 15%의 배당소득세에 대해서만 원천징수한 후에 달러로 계좌에 입금됩니다. 그래서 배당소득세는 크게 문제되지 않지요.

다만 신중하게 고려해야 할 것은 한국 주식에 비해 높은 미국 주식의 양도소득세입니다. 미국 주식의 경우 매도할 때 매도 차익의 20%의 양도세율이 적용됩니다. 여기에 지방소득세 2%까지 더해져서 총

한국과 미국의 주식투자에 관한 세금 규정

	한국 주식	미국 주식
배당소득세	15.4%	15%
양도소득세	없음 (2023년부터 5,000만 원 초과 22%, 3억 원 초과 27.5%)	22% (250만 원 공제)

22%라는 적지 않은 양도세를 내야 합니다.

한국 주식의 경우도 2023년부터는 주식을 매도 할 때 양도차익에 대한 양도소득세 20%와 지방소득세 2%를 합한 총 22%의 세금을 내게 될 예정입니다. 다만 5,000만 원까지는 비과세가 적용되기 때문에 다소 여유가 있습니다. 그러나 미국 주식의 공제액은 250만 원으로 이에 대한 양도세 부담은 더 크게 느껴집니다.

양도세 부담을 줄이는 3가지 방법

그렇다고 해서 미국 주식투자를 망설일 필요는 없습니다. 양도세의 부담을 줄일 수 있는 방법이 있기 때문입니다.

첫 번째는 1년에 허용하는 기본 공제 한도인 250만 원의 이익만큼만 주식을 매도하여 양도세를 피하는 것입니다. 그러나 이 방법은 시간이 지나 투자금이 점점 커지면 큰 도움이 되지 못합니다. 1년 250만 원에 대한 22%의 세금은 55만 원이고 10년이면 550만 원입니다. 10년의 투자 기간 동안 550만 원의 공제가 큰 도움이 될 거라고 보지는 않습니다.

두 번째는 손실을 보고 있는 종목을 팔았다가 다시 사는 방법으로 손실금액을 확정시켜서 공제액을 늘리는 것입니다. 예를 들어 1,000만 원 손해 중인 종목을 팔았다가 다시 사면 수수료는 조금 들

수 있겠지만 공제액이 1,000만 원 증가하는 효과를 얻을 수 있습니다. 그럼 1년에 총 1,250만 원만큼의 이익에 대해 공제받을 수 있는 것이지요. 이를 '세금 손실 수확'Tax-loss Harvesting이라고 합니다.

하지만 이 방법도 장기투자를 할수록 손실 나는 종목이 점점 줄어들기 때문에 시간이 갈수록 공제액을 늘리기 위한 매도 종목은 점점 줄어들게 됩니다. 그리고 큰 손실이 발생할수록 공제 가능 금액이 커지는 역설적인 상황이라 그리 유쾌하지도 않습니다.

그나마 세 번째 방법이 가장 괜찮다고 할 수 있습니다. **미국 주식을 가족에게 증여하는 것입니다.** 미국 주식을 가족에게 증여할 경우 증여받는 사람에게 적용되는 매수가는 증여 시점 전후 2개월 종가의 평균입니다. 예를 들어 제가 1억 원어치의 미국 주식을 매수했는데 이 종목의 주가가 2배 올라 평가액이 2억 원이 되었다고 가정해보겠습니다. 제가 이 주식을 그냥 매도할 경우에는 1억 원의 이익에서 기본 공제액 250만 원을 제외한 9,750만 원에 22%의 세율이 적용되어 양도세 2,145만 원을 내야 합니다.

그런데 제가 2억 원의 미국 주식을 배우자에게 양도한다면 어떻게 될까요? 증여 시점 전후 2개월의 종가 평균의 평가액이 2억 원이라면, 배우자 입장에서 이 주식의 매수 금액은 2억 원이 됩니다. 그리고 양도받은 주식을 배우자가 2억 원에 시장에 팔면 양도세는 0원이 됩니다. 물론 매도 시점에 2억 1,000만 원으로 평가액이 올랐다면 차익인 1,000만 원에서 250만 원을 뺀 금액에 대한 양도세를 내야 합니다.

참고로 10년 동안 배우자에게는 6억 원, 직계존속이나 직계비속에

겐 5,000만 원까지 증여세가 공제됩니다. 앞으로 세법이 어떻게 변경될지 모르지만 현시점에서는 결혼한 투자자가 득을 보는 경우라고 할 수 있죠. 결혼 및 출산 장려 차원에서라도 변화가 없었으면 하는 바람입니다.

"인간에게 피할 수 없는 2가지가 있다. 하나는 죽음이고 하나는 세금이다."

미국 건국의 아버지 벤저민 프랭클린이 한 말입니다. 지금까지 여러 가지 절세 방법에 대해 이야기했지만 우리가 살아 있는 한 소득에 대한 세금은 피하기 어렵습니다. 그렇지만 그 세금을 제하고도 더 나은 성과를 얻을 수 있는 성장성과 안정성을 갖춘 미국 주식은 많이 있어요. 이런 미국 주식에 투자해서 많은 이익을 거두고, 세금도 그에 상응하게 많이 내는 것이 제가 생각하는 가장 좋은 투자 방법입니다.

월급쟁이 부자를 위한 투자 노트

미국 주식의 배당 성장성과 지속성 확인하기

배당주에 투자할 때 눈여겨봐야 하는 것 중 하나는 '기업이 배당을 꾸준하게 늘리고 있느냐'입니다. 배당주 투자는 현금으로 배당금을 받는다는 걸 전제로 하는 투자인데 그 양이 줄어든다면 의미가 없습니다. 따라서 배당주 투자로 선택한 종목이 있다면 그 기업이 얼마나 오랫동안 꾸준하게 배당금을 지급해왔는지를 확인할 필요가 있습니다.

디비던드닷컴 사이트 활용하기

투자할 기업이 얼마나 오랜 기간 배당을 늘려왔는지 확인하려면 디비던드닷컴 사이트(Dividend.com)에 들어가서 돋보기 모양의 아이콘을 클릭하고 티커를 입력하면 됩니다.

옆의 이미지는 부동산 임대기업 리얼티인컴O을 검색한 결과입니다. '연속 배당 성장 연수'Consecutive Yrs of Div Increase 항목에서 27년 동안 꾸준히 배당금을 늘려온 것을 확인할 수 있습니다.

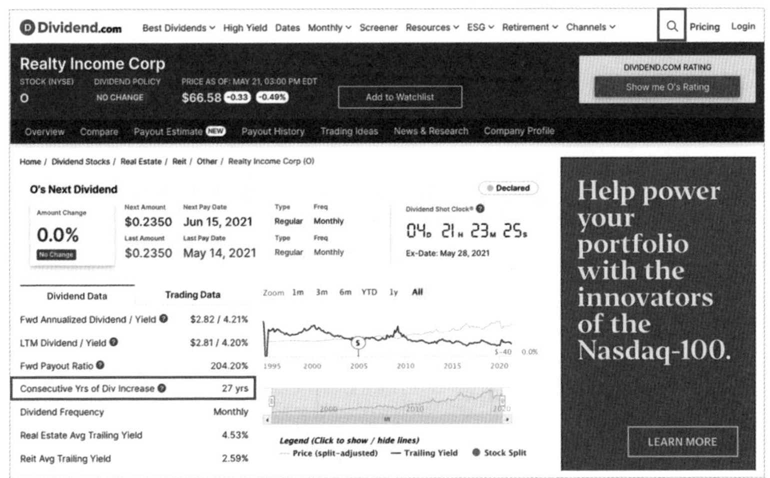

디비던드닷컴에서 오른쪽 상단의 돋보기 모양 아이콘을 눌러 종목을 검색할 수 있다. 이미지는 리얼티인컴을 검색한 화면으로 빨간색 박스가 '연속 배당 증가 연수'를 나타낸다. (출처: Dividend.com)

슈어디비던드닷컴에서 배당왕, 배당귀족 찾기

배당을 오랜 기간 꾸준히 지급하는 기업을 찾고 싶다면 배당왕이나 배당귀족 리스트를 확인하는 것도 좋은 방법입니다. 앞서 설명한 대로 배당왕은 50년 넘게, 배당귀족은 25년 넘게 배당금을 증가해온 기업을 의미합니다. 수십 년이 넘는 세월 동안 전쟁, 오일파동, 닷컴버블, 9·11테러, 금융위기 등 전 세계의 투자 환경에 큰 영향을 미친 수많은 사건 사고가 있었습니다. 이런 수많은 풍파를 견뎌내면서도 사업을 운영해오고 꾸준히 주주에게 배당금을 지급했다면 좋은 기업이라 할 수 있겠죠. 이 리스트에서 관심 있고 흥미 있는 기업을 분석해보고 매수하는 것이 안정적인 배당주 투자의 지름길이 될 수 있습니다.

배당주 리스트는 미국 주식 관련 사이트에서 '2021 Dividend Kings', 'S&P500 dividend aristocrats in 2021'로 검색하면 찾아볼 수 있습니다. 아래는 슈어디비던드 사이트에서 배당왕, 배당귀족과 이들의 상세 정보를 찾아보는 방법입니다.

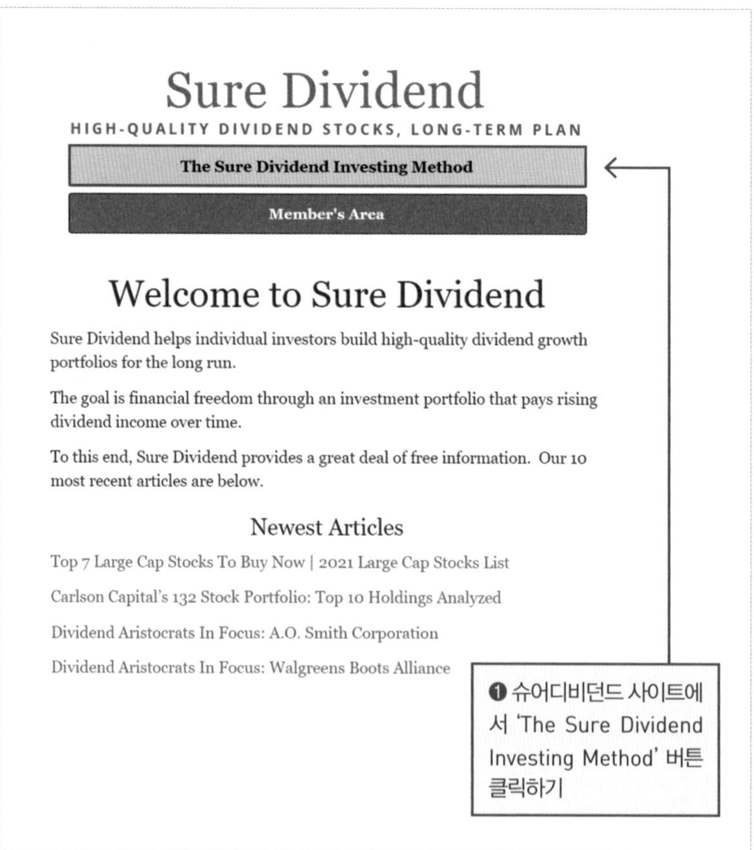

여기서부터 제5장 끝까지 나오는 이미지는 슈어디비던드 사이트를 캡처한 것으로, 반복되는 출처 표기를 삭제한다.
(출처: suredividend.com)

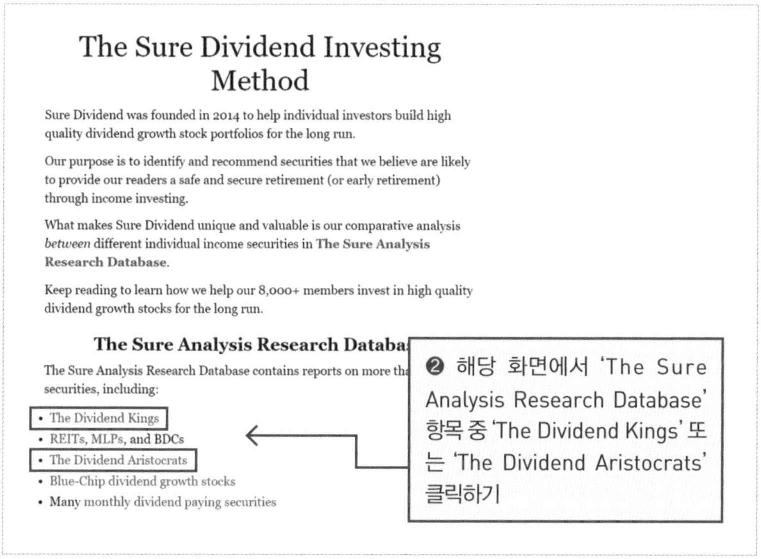

The Sure Dividend Investing Method

Sure Dividend was founded in 2014 to help individual investors build high quality dividend growth stock portfolios for the long run.

Our purpose is to identify and recommend securities that we believe are likely to provide our readers a safe and secure retirement (or early retirement) through income investing.

What makes Sure Dividend unique and valuable is our comparative analysis *between* different individual income securities in **The Sure Analysis Research Database.**

Keep reading to learn how we help our 8,000+ members invest in high quality dividend growth stocks for the long run.

The Sure Analysis Research Databa

The Sure Analysis Research Database contains reports on more th securities, including:

- The Dividend Kings
- REITs, MLPs, and BDCs
- The Dividend Aristocrats
- Blue-Chip dividend growth stocks
- Many monthly dividend paying securities

❷ 해당 화면에서 'The Sure Analysis Research Database' 항목 중 'The Dividend Kings' 또는 'The Dividend Aristocrats' 클릭하기

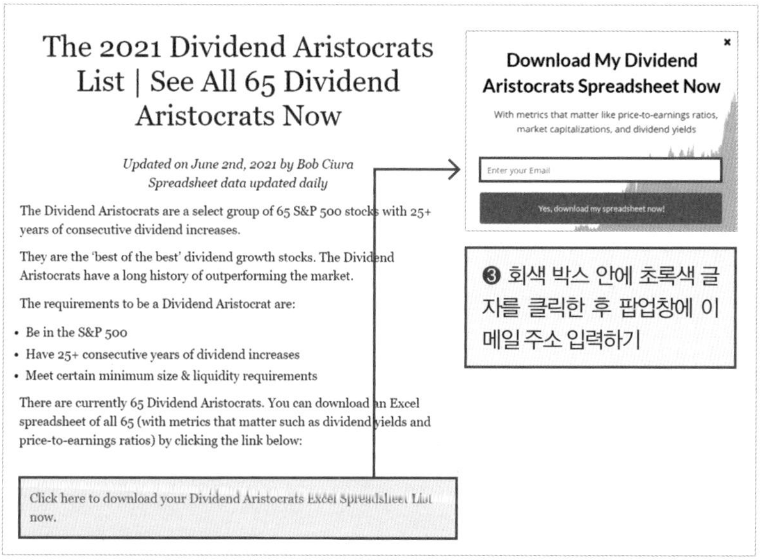

The 2021 Dividend Aristocrats List | See All 65 Dividend Aristocrats Now

Updated on June 2nd, 2021 by Bob Ciura
Spreadsheet data updated daily

The Dividend Aristocrats are a select group of 65 S&P 500 stocks with 25+ years of consecutive dividend increases.

They are the 'best of the best' dividend growth stocks. The Dividend Aristocrats have a long history of outperforming the market.

The requirements to be a Dividend Aristocrat are:

- Be in the S&P 500
- Have 25+ consecutive years of dividend increases
- Meet certain minimum size & liquidity requirements

There are currently 65 Dividend Aristocrats. You can download an Excel spreadsheet of all 65 (with metrics that matter such as dividend yields and price-to-earnings ratios) by clicking the link below:

Click here to download your Dividend Aristocrats Excel Spreadsheet List now.

Download My Dividend Aristocrats Spreadsheet Now

With metrics that matter like price-to-earnings ratios, market capitalizations, and dividend yields

Enter your Email

Yes, download my spreadsheet now!

❸ 회색 박스 안에 초록색 글자를 클릭한 후 팝업창에 이메일 주소 입력하기

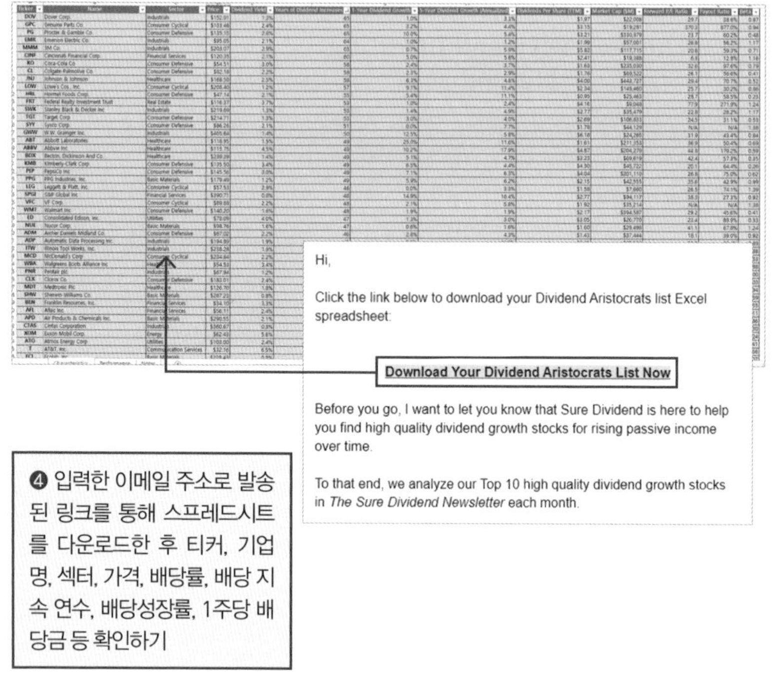

물론 과거의 실적이 미래의 실적을 보장해주는 않습니다. 오랜 기간 배당금을 늘리며 지급해왔다고 해서 앞으로도 그럴 것이라는 보장은 없습니다. 다만 과거에 잘했기에 앞으로도 잘할 '확률'이 높은 것입니다. 따라서 아무리 전통적인 배당주에 투자한다고 하더라도 여러 기업에 분산투자하여 위험을 줄이는 건 필수입니다.

바쁜 직장인 투자자를 위한 원페이지 정리

미국 주식에 투자해야 하는 이유를 명심하라

첫째, 전 세계의 국가별 주식시장 비중을 보면 미국이 절반 이상을 차지하고 있으며, 무엇보다 투자자에게 유리한 돈의 선순환 구조가 확립되어 있다. 둘째, 한국 주식시장에 비해 자본효율성을 나타내는 ROE가 높다. 2013년부터 2017년까지 평균 ROE를 보면 미국은 약 14%인 반면에 한국은 9%에 머물고 있다.

시간이 지나도 변하지 않는 가치와 배당 성장성에 주목하라

첫째, 실제로 내가 사용하는 상품과 서비스를 제공하는 기업의 주식을 매수하라. '린디 효과'를 염두에 두고 오랜 시간 살아남았고 앞으로도 그럴 수 있는 경쟁력을 갖춘 기업을 고른다. 둘째, 배당금을 꾸준히 지급하는 주식을 매수하라. 디비던드닷컴 사이트에서 기업의 배당 성장성을 확인하거나 배당귀족주 리스트를 참고하여 포트폴리오를 구성하라.

미국 주식투자의 걸림돌, 환율과 양도세를 현명하게 극복하라

환율 예측은 전문가들도 힘들다. 환율을 예측하느라 투자 타이밍을 놓치지 말고 내가 사야 할 시점의 환율로 사라. 양도세를 줄이는 방법은 3가지다. 첫째, 1년에 허용하는 기본공제 한도인 250만 원의 이익만큼만 주식 매도하기. 둘째, 손실 중인 종목을 팔았다가 다시 사서 손실금액을 확정시켜 공제액 늘리기. 셋째, 가족에게 증여하기. 10년 동안 배우자에게는 6억 원, 직계존속이나 직계비속에겐 5,000만 원까지 증여세가 공제된다.

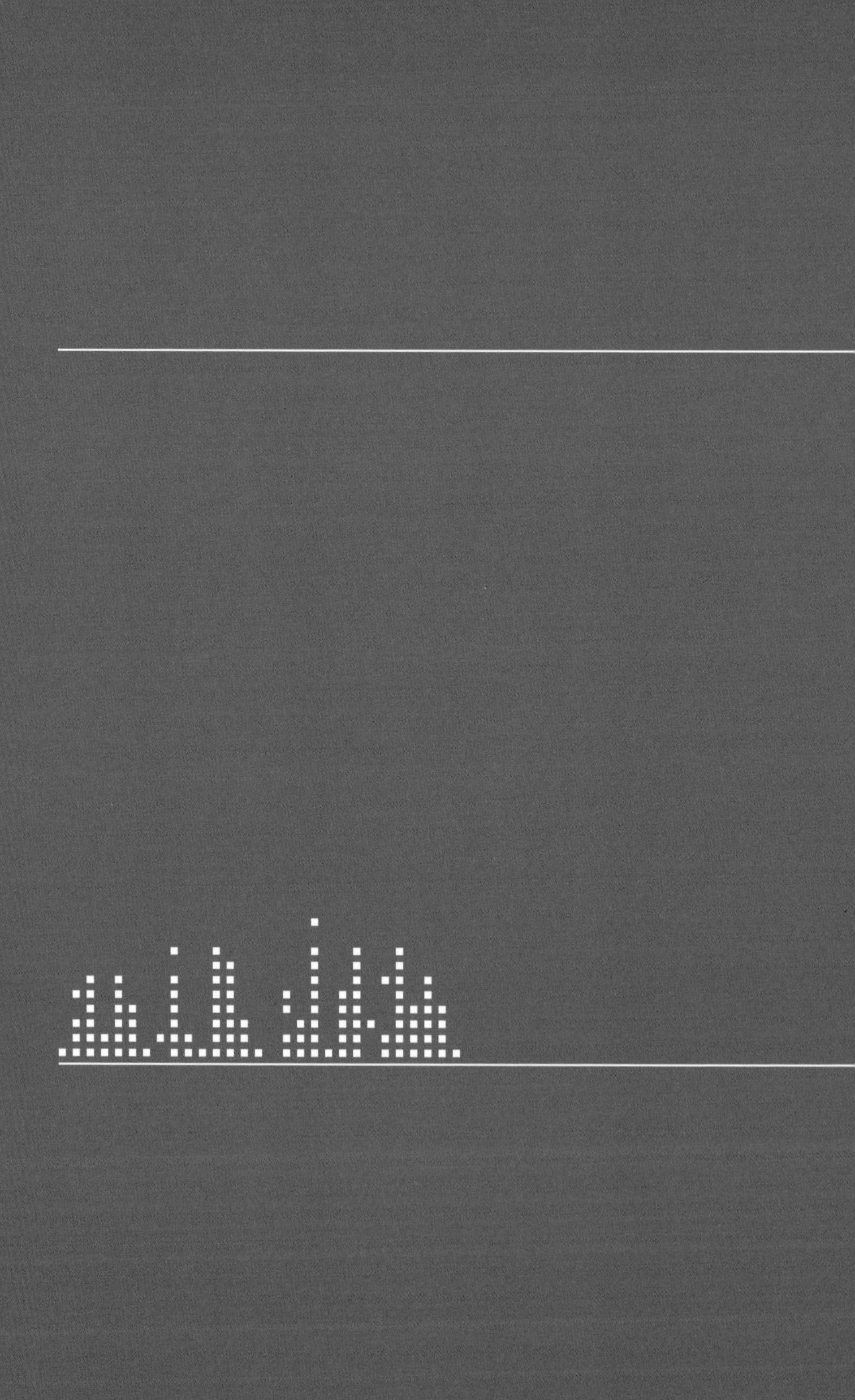

제6장

웬만해선 손해 보지 않는 직장인 투자 노하우

"장기적으로 뛰어난 투자 성적을 얻으려면
단기적으로 나쁜 성적을 견뎌내야 한다."

_찰리 멍거

월급쟁이라면 낚싯대 대신 그물을 치자

국내 주식투자자들은 평균 몇 개의 종목을 보유하고 있을까요? 한국예탁결제원 자료에 의하면, 한 종목을 보유하고 있는 투자자의 비율은 34%입니다. 두 종목을 보유하고 있는 비율은 16%로 두 종목 이하가 절반 정도를 차지하고 있습니다. 이렇듯 대부분의 투자자는 소위 '몰빵' 투자를 하고 있습니다.

만약 2019년에 누군가가 조만간 전 세계 사람들이 마스크를 끼고 다닐 것이며 국가 간 이동이 봉쇄될 것이라 말했다면 정신 나간 사람 취급을 받았을 것입니다. 그런데 2020년 초에 갑자기 코로나19가 유행하면서 그것은 현실이 되어버렸죠.

이렇게 우리는 한 치 앞도 예상할 수 없는 세상에 살고 있습니다. 코

보유 종목 수별 투자자 비중

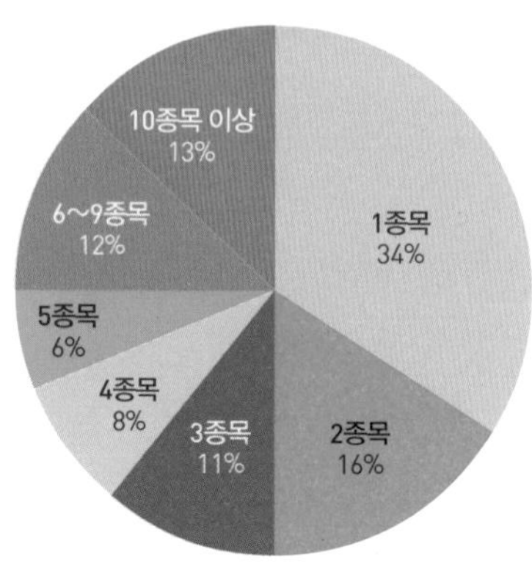

2020년 12월 결산 상장법인 소유자 기준이며, 개인, 법인, 외국인을 모두 포함한 수치다. 총 투자자는 919만 명으로 2019년 619만 명에 비해 48.5%나 늘었다. (출처: 한국예탁결제원)

로나19처럼 기업에도 어떤 악재가 닥칠지 예상할 수 없습니다. 잘나가던 기업이 하루아침에 무너지거나 혹은 서서히 망가지는 예는 무수히 많습니다. 이런 이유로 주식투자를 하면서 1개 종목에만 집중투자하는 건 많은 리스크가 따릅니다. 반드시 피해야 합니다.

소수 종목에 투자한다는 것은 특정 기업에만 나의 소중한 자산을 맡긴다는 것입니다. 그만큼 중요한 일이기 때문에 많은 시간을 들여서 기업과 해당 산업을 살펴봐야 합니다. 하지만 그 산업에 친숙하지 않은 이상, 특히 직장인은 전업투자자처럼 공부할 시간을 많이 확보하기 어렵기 때문에 면밀한 파악이 어렵습니다. 또한 소수 종목에 투자할 경우 계좌 잔고의 등락이 너무 큽니다. 이런 큰 변동성은 심리를 흔들기 때문에 본업에도 영향을 줄 수 있지요.

분산투자냐 집중투자냐에 대해선 투자자마다 의견이 분분합니다. 다만 저는 직장인에게는 분산투자가 옳다는 의견입니다. 낚시로 따지면 찌낚시 대신 그물낚시를 하는 걸 추천합니다. 가장 뛰어난 종목을 골라서 집중할 수 있는 선구안이 부족하고 직장인으로서 받아들일 수 있는 변동성의 한계가 있음을 인정한 선택이죠.

포트폴리오는 정원을 가꾸듯 관리하자

저는 한국 주식과 미국 주식에 투자 중입니다. 한국 주식은 배당금을 목적으로 하는 배당주와 시세차익을 목적으로 하는 종목으로 구성된 마법공식 계좌를 운용 중입니다. 그리고 성장성이 높은 기업에 투자하는 성장주 계좌와 해외 ETF에 투자하는 계좌도 있습니다.

미국 주식계좌로는 성장성이 높은 하이테크 기업과 안정적인 배당금을 지급하는 배당주에 투자하고 있습니다. 이렇게 국가별 분산과 종목의 성격별 분산을 통해 변동성을 줄이고 장기적으로 꾸준히 성장할 수 있는 포트폴리오를 만들어서 운용하고 있습니다.

주식 포트폴리오를 운용하는 것은 정원을 가꾸는 것과 같습니다. 다양한 품종의 식물들을 심고 꾸준히 관리해줘야 아름다운 정원을 유지할 수 있죠. 포트폴리오 역시 여러 좋은 주식을 편입하되 실적이 나빠지거나 산업 전망이 안 좋은 기업은 가지치기하듯 매도하며 꾸준히 돈 잘 버는 주식들만 남도록 관리해야 합니다. 포트폴리오를 운용하면서 개별 종목의 손실에 얽매일 필요는 없습니다. 대신에 포트폴리오가 원칙대로 운용되고 있는지, 전체가 바르게 우상향을 하는지가 중요합니다.

소수의 종목과 사랑에 빠지는 것은 지양해야 합니다. 정원을 관리하듯 포트폴리오가 만들어내는 전체적인 수익을 높이는 데 집중해야 합니다. 그렇게 하면 몇 개 종목에서 손실을 본다고 해도 전반적인 투자 결과는 목표한 바를 이룰 수 있습니다. 그리고 무엇보다도 정성 들여 관리하되 너무 많이 손대지 않아야 합니다.

종목은 10개 내외, 다른 산업에 분산 투자하자

'달걀을 한 바구니에 모두 담지 말라'는 투자 격언이 있습니다. 하도 자주 들어 진부하게 들릴 수도 있지만 이는 투자에 있어 진리와도 같은 말입니다. 이제 막 주식투자를 시작한 사람이 흔히 하는 실수가 한두 종목에만 집중투자하는 것입니다. 슈퍼개미들의 성공담을 듣다 보면 나도 그렇게 성공할 수 있을 것 같습니다. 거기다가 작은 자본금을 빨리 늘리고 싶은 초초한 마음이 생기기도 합니다.

하지만 주식시장은 그런 욕망을 단번에 채워주는 호락호락한 곳이

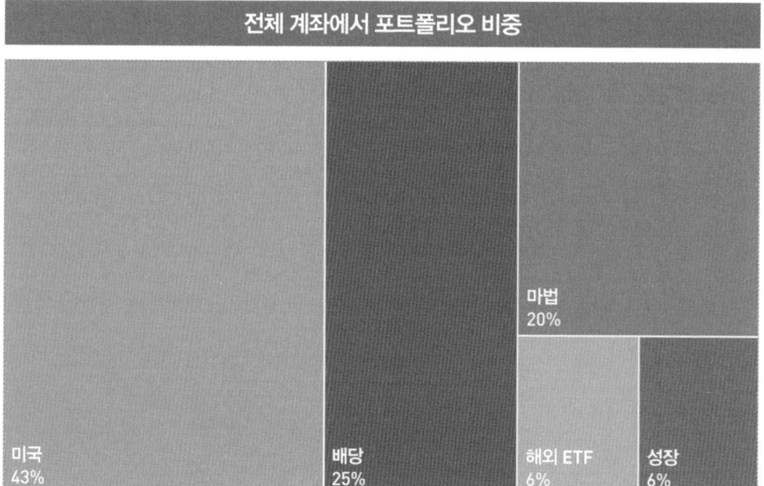

아닙니다. 초심자의 행운으로 집중투자한 종목의 성과가 좋을 수도 있습니다만, 이런 초반의 행운은 훗날 무서운 결과를 초래할 수도 있지요. 초심자의 행운에 취해서 더 큰 금액을 한 종목에 쏟아부었다가 결국 번 돈을 다 날리고 큰 손해를 볼 수도 있으니 조심해야 합니다.

장기간 꾸준히 돈을 잘 버는 기업을 골라 저렴한 가격에 샀다고 하더라도 그 기업의 미래 가치와 성과는 어떻게 변할지 모릅니다. 열심히 공부해서 좋은 종목을 5개 고른다고 해도, 2종목은 상승하고 1종목은 그저 그렇고, 나머지 2개 종목은 하락하는 게 주식시장에선 흔히 일어나는 일입니다. 여러 종목 중에 월등한 수익률을 보이는 게 있으면 '이 종목 하나에 몰빵해서 수익률을 높일 걸' 하는 생각을 합니다. 그런데 이는 결과론적인 얘기일 뿐 실제로 그렇게 하기란 어렵죠. 본인이 그걸 족집게처럼 집어낼 수 있다고 생각하고 믿는 순간, 자만에 빠지고 당연히 결과는 좋지 않을 것입니다.

따라서 최소 10개 종목 내외로 여러 기업의 주식에 분산투자하는 것이 바람직합니다. 시간을 갖고 장기간 투자를 이어가다 보면 개별종목에 대해 깊이 알게 되면서 상대적으로 투자가치가 없는 종목을 가지치듯 줄여나갈 수 있습니다. 이렇게 여러 종목에 분산투자하는 것이 단기간에 성과를 극대화하는 데는 비효율적이라고 생각할 수 있어요. 하지만 계좌 전체의 변동성을 줄여주고 실패 확률을 낮춰주기 때문에 중도에 포기하지 않고 더 멀리 갈 수 있는 방법입니다.

주의할 점은 종목의 개수뿐만 아니라 기업이 속한 산업도 적절하게 분산되어야 한다는 것입니다. 포트폴리오를 전부 반도체 기업이나 기술주로 구성하는 것은 분산의 의미가 없습니다. 해당 산업의 사이클에 따라서 포트폴리오가 크게 요동치기 때문이지요. 투자는 '다양한 산업의 다양한 기업'에 분산되어야 합니다.

투자에 실패하지 않으려면 돈을 잃는 리스크를 최소화해야 합니다. 우리가 사는 세상은 생각보다 훨씬 더 불확실합니다. 예상치 못한 일이 언제 어디서든 발생할 수 있고, 그로 인해 내가 투자한 기업 혹은 산업이 피해를 입을 수 있다는 점을 항상 염두에 두어야 하죠. 주식시장은 실제 기업의 흥망성쇠에 따라 투자자의 생존이 달린 곳입니다. 단기간의 수익률보다 장기간의 생존을 목표로 하다 보면 수익률은 시장과 기업이 알아서 가져다줄 겁니다. 따라서 **꾸준히 돈을 잘 버는 기업을 가능한 저렴하게 매수하고, 10개 내외로 분산투자하여 시장에서 오랫동안 생존하며 수익을 가져갈 수 있게 노력해야 합니다.**

월급을 이용한
지분확장형 포트폴리오 관리법

시장을 이기는 꾸준한 투자를 위해서는 돈 잘 버는 다양한 기업들을 적정한 가격에 매수하는 것이 원칙입니다. 조금 더 구체적으로 이야기하면 장기간 ROE의 변동 폭이 크지 않고, 매년 10% 이상을 유지하는 기업을 골라야 합니다. 그리고 과거 대비 PBR이나 PER이 비교적 높지 않고, ROE/PER이 1 이상인 조건을 갖춘 기업들을 가급적 다양한 산업군에서 골라내어 10개 내외로 포트폴리오를 구성하는 게 좋지요. 이때 종목의 개수는 학습량과 그에 따른 자신감에 반비례할 것입니다.

이렇게 실세한 포드플리오는 내가 운영하는 사업체와 같습니다. 각 기업은 자회사이고 나는 이 포트폴리오 홀딩스의 대표가 되는 것이지요. 이런 투자관을 진지하게 받아들일 때 진짜 투자다운 투자를 할 수 있습니다.

주식 포트폴리오는 내가 운영하는 사업체다

직장인 투자자의 장점은 근로소득을 통해서 현금이 계속해서 들어온다는 것입니다. 이렇게 들어온 현금은 내가 보유한 자회사들에 적절히 분배되어야 합니다. 사업을 하면서 자본을 적절하게 배치하는 것과 마찬가지입니다. 투자자가 할 일은 단단하게 구성한 포트폴리오에 내 자본이 가장 효율적으로 쓰일 수 있도록 지속적으로 고민하고 재배치하는 것입니다. 이렇게 기업체를 운영한다고 생각하면, 투자에 대한 관점이 달라집니다. 자회사의 가격이 조금 올랐다고 해서 금세 팔아버리거나 오랫동안 성장세를 유지할 수 없는 기업을 소문이나 테마에 휩쓸려 매수하는 것이 적절하지 않다는 걸 알게 됩니다.

직장인은 1년 동안의 현금흐름을 예상할 수 있습니다. 대부분 작년 성과를 기준으로 올해 받을 연봉을 알 수 있고 이를 균등하게 나누어 매달 월급을 받기 때문이지요. 그리고 지난 몇 년간의 경험이나 기록을 토대로 1년 동안 내가 어느 정도 소비할지도 가늠할 수 있습니다. 아울러 1년간 투자 가능한 금액도 알 수 있고요. 만약 한 달에 100만 원씩 투자할 수 있다는 계산이 나오면, 그 자본을 이용하여 이미 구성해놓은 포트폴리오의 주식들을 추가로 매수하면 됩니다. 마치 나의 사업체에 추가 투자금을 투입하듯 말이죠.

매달 따박따박 매수해서 포트를 리밸런싱하자

저도 아직은 목표에 도달하려면 갈 길이 멉니다. 하지만 묵묵히 그 길을 가면서 제 포트폴리오를 지금의 수준으로 성장시킬 수 있었던 것은 안정적인 근로소득 덕분입니다. 한 해 동안 받게 될 월급을 예상할 수 있었기에 계획적으로 주식을 매수하면서 자산을 늘릴 수 있었죠.

매달 월급을 받으면 생활비를 제외한 금액으로 삼성전자, LG생활건강, 애플, 마이크로소프트, 코카콜라 등 좋은 주식을 매수하는 데 사용했습니다. 기업의 지분을 늘리는 데 목적을 두었기에 당시 주가에는 크게 신경 쓰지 않았습니다. 대신에 고평가 종목의 매수를 피하기 위해 포트폴리오 종목들 중에서 다른 종목 대비 비교적 덜 상승했거나 52주 최고가 대비 많이 하락한 종목들 위주로 매수했습니다. 이런 과정을 통해 고점 매수를 피하고 저점 매수를 하면서 자연스럽게 포트폴리오가 리밸런싱되었죠.

현재 저의 포트폴리오는 신중한 고민 끝에 고른 좋은 기업들로 구성되어 있습니다. 앞으로도 꾸준한 성장이 기대되는 기업들이기도 합니다. 그래서 지속적으로 추매하고 있고, 평균매수가격이 올라간다는 걱정을 하지 않습니다. 꾸준히 돈을 버는 기업은 가치가 올라감에 따라서 자연스레 주가가 올라가게 됩니다. 평단가의 상승으로 표면적으로는 수익률이 하락하는 것처럼 보일 수 있지만 신경 쓸 필요 없습니다. 내 자본을 투입하여 좋은 기업의 지분을 늘려가는 것에만 집중하면 됩니다.

포트폴리오 종목 중에서 하락하거나 다른 종목보다 덜 오른 종목이 있다면 그 종목을 집중적으로 매수하는 것이 수익률을 조금 더 끌어올릴 수 있는 좋은 방법입니다. 기업마다 상황이 다르고 주가 등락의 사이클이 다를 수 있습니다. 그러니 그때그때 덜 상승한 기업을 집중 매수하면 기업들의 비중을 적절하게 리밸런싱할 수 있고 비교적 저렴한 가격에 매수하는 기회로 삼을 수 있죠.

리밸런싱은 사고파는 방식이 아닌 계속해서 사 모아가는 방식으로 해야 합니다. 그것이 직장인의 안정적인 현금흐름을 최대한 활용할 수 있는 방법이죠. 또한 이것이 내가 운영하는 사업체가 점점 성장하는 걸 체감할 수 있는 진정한 가치투자 방식입니다.

절대 감소하지 않는 계좌를 만드는 비결

주식투자자에게 현금은 양날의 검입니다. 주식시장 하락 때 저렴해진 주식을 매수할 수 있는 총알이 되기도 하지만, 반대로 인플레이션에 의해 시간이 지날수록 가치가 떨어지기도 하기 때문입니다. 그럼에도 적정한 현금 보유량은 투자 기간 동안 심리적 안정감을 줄 수 있습니다.

제가 생각하는 적정 현금 보유량은 포트폴리오 대비 약 10%입니다. 이 숫자는 저의 투자 기록에 근거합니다. 5년 넘는 주식투자 기간 동안 월별 수익률을 확인해보면 한 달 동안 최대 -10%까지 하락하는 것을 경험했습니다. 포트폴리오가 여러 개 종목으로 분산되어 있던 터라 큰 폭락장에서도 이 정도를 유지할 수 있었죠. 만약 소수 종목에 집중되어 있는 계좌라면 이보다 더 큰 하락을 맞았을 겁니다. 따라서 꾸준한 기록을 통해서 본인 계좌의 성향을 파악하고 적정 현금 보유량을 설정해야 합니다.

제 계좌가 한 달에 -10%까지 하락할 가능성이 있기 때문에 저는 -10% 하락을 감당할 수 있는 현금을 마련해놓습니다. 그런데 진짜 현금일 필요는 없습니다. 그에 상응하는 현금흐름을 준비해놓으면 됩니다. 예를 들면 매달 들어오는 월급이나 마이너스통장 등으로 말이죠. 이게 직장인 투자자의 장점 중 하나입니다. 직장인이라는 신분과 신용으로 계속해서 예측 가능한 현금흐름을 만들 수 있으니까요.

이런 식으로 현금 비중을 유지한다면 계좌 평가액이 줄어드는 달에는 줄어든 만큼 매수하고, 평가액이 늘어난 달에는 한 템포 쉬면서 절대 감소하지 않는 계좌를 만들 수 있습니다. 이 전략이 월정액식 투자보다 더 나은 성과를 보인다고 할 순 없습니다. 하지만 꾸준히 우상향하는 계좌를 만들면서 심리적 안정을 느낄 수 있고 장기투자에 도움이 됩니다.

아무리 바빠도 기업 성적표, 손익계산서는 꼭 보자

주식을 매수할 당시에는 좋은 기업이라 해도 사업 환경 등 여러 변수에 따라서 기업의 상황은 변할 수 있습니다. 따라서 투자자는 지분을 보유한 기업의 실적을 지속적으로 살펴보면서 상태를 파악해야 하죠. 그렇다고 일상이 방해될 정도로 너무 자주 볼 필요는 없습니다. 기업은 3개월에 한 번씩 분기보고서를 제출하고 1년에 한 번씩 사업보고서를 제출합니다. 따라서 최소한 3개월마다 분기 실적을 확인하고, 1년에 한 번 한 해 동안의 실적을 확인하면 됩니다. 기업의 분기보고서와 사업보고서는 '전자공시시스템'(dart.fss.or.kr)에서 확인할 수 있습니다. 상장된 모든 기업은 의무적으로 보고서를 제출해야 하기 때문에 원하는 기업의 보고서를 쉽게 찾을 수 있죠.

매수 전 다양한 기업 설명서 확인하는 법

사업보고서를 처음 볼 때는 회사의 개요나 사업의 내용 항목까지 상세하게 살펴보는 게 좋습니다. 그 과정을 통해 회사가 어떻게 성장해 왔는지 그리고 무엇을 통해서 돈을 벌고 있는지를 파악할 수 있습니다. 일종의 기업 설명서라고도 할 수 있습니다. 물건을 사면서 사양이나 설명서를 읽어보듯이 주식을 살 때도 사업보고서를 확인하는 건 당연한 일입니다.

사업보고서를 처음 볼 때는 '회사의 개요'와 '사업의 내용' 항목을 상세하게 살펴보는 것이 좋습니다. 투자하려는 기업이 어떤 길을 걸어왔고 어떤 일을 하며 돈을 버는지 확인하기 위해서죠. 하지만 기업 구성이나 비즈니스 모델은 빈번하게 바뀌지 않기 때문에 새롭게 공시되는 사업보고서마다 꼼꼼하게 볼 필요는 없습니다. 다만 **기업의 성적표라고 할 수 있는 손익계산서를 통해 매출, 영업이익, 순이익으로 이어지는 실적은 반드시 확인해야 합니다.** 투자자가 주식을 사서 보유하는 이유는 기업이 투자받은 돈으로 이익을 만들기 때문이죠. 그래서 기업이 제대로 돈을 벌어들이고 있는지가 무엇보다 중요합니다.

네이버 금융과 같은 포털 사이트를 통해서 간편하게 기업의 실적을 확인할 수도 있습니다. 그렇지만 전자공시시스템 사이트를 통해서 공식적으로 올라오는 사업보고서가 기업의 정보를 가장 빨리 확인할 수 있는 방법입니다. 또한 각 기업에서 투자 유치용으로 작성하여 실적

발표 시점에 공개하는 IR_{Investor Relations} 자료를 참고하는 것도 도움이 됩니다. 기업 홈페이지나 기업 공시 사이트 KIND(kind.krx.co.kr)에서 IR 자료를 확인할 수 있습니다. 이는 각 기업이 투자를 유치하기 위해 홍보용으로 만든 자료이기 때문에 기업의 비전과 발전 방향 등 사업보고서에서 다루지 않는 추가적인 정보나 보다 세부적인 내용이 담겨 있습니다.

나의 포트폴리오에 속한 종목을 계속 보유할지 혹은 제외할지는 기업의 실적을 확인하고 판단해야 합니다. 기업이 적자를 기록했거나 사업 환경의 변화로 이익이 급감하여 미래가 불투명해지는 경우에는 매

연결 손익계산서

제 20 기 2020.01.01 부터 2020.12.31 까지

제 19 기 2019.01.01 부터 2019.12.31 까지

제 18 기 2018.01.01 부터 2018.12.31 까지

(단위 : 원)

	제 20 기	제 19 기	제 18 기
매출액 (주8,39)	7,844,506,057,131	7,685,424,230,297	6,747,536,801,608
매출원가 (주33,39)	2,962,930,553,558	2,917,246,274,571	2,696,414,092,278
매출총이익	4,881,575,503,573	4,768,177,955,726	4,051,122,709,330
판매비와관리비 (주31,33,35)	3,660,710,772,262	3,591,766,708,822	3,011,872,573,693
영업이익(손실) (주8)	1,220,864,731,311	1,176,411,246,904	1,039,250,135,637
금융수익 (주8,34,35)	15,434,807,035	17,086,461,393	6,486,158,742
금융원가 (주8,34,35)	21,616,953,222	17,773,035,035	12,707,249,161
기타영업외수익 (주32,35)	44,819,578,890	32,917,076,235	24,006,227,891
기타영업외비용 (주32,35)	145,452,166,970	123,480,423,267	99,710,960,281
지분법손익 (주8,15)	7,024,275,269	6,919,863,873	(1,319,193,795)
법인세비용차감전순이익(손실) (주8)	1,121,074,272,313	1,092,081,190,103	956,005,119,033
법인세비용 (주36)	307,973,132,289	303,908,097,869	263,726,412,686
당기순이익(손실)	813,101,140,024	788,173,092,234	692,278,706,347
당기순이익(손실)의 귀속			
지배기업소유주지분 (주37)	797,628,672,879	778,097,707,167	682,743,154,211
비지배지분 (주7)	15,472,467,145	10,075,385,067	9,535,552,136
지배기업소유주지분 귀속 주당이익			
기본 및 희석 보통주당이익 (단위 : 원) (주37)	47,596	46,431	40,740

금융감독원의 전자공시시스템(DART)에서 LG생활건강 검색한 후 공시 보고서 중에서 '사업보고서'를 선택하면 별도의 창이 뜬다. 왼쪽 메뉴 창에서 'III. 재무에 관한 사항'의 '2. 연결재무제표'를 클릭하면 연결 재무상태표 다음으로 나오는 연결 손익계산서다. DART는 2021년 5월 31일부터 개편한 홈페이지를 운영 중이며, 사진은 새로운 홈페이지의 화면이다. (출처: newdart.fss.or.kr)

도를 고려해야 합니다. 또는 자본의 효율이 떨어지는 경우도 있습니다. ROE가 이전 대비 줄어드는 경우는 기업의 경영 효율이 낮아지고 있다고 볼 수 있죠.

ROE가 표준편차 이상 하락하면 경고 신호다

주식투자자도 사업가와 마찬가지로 나의 자본을 가능한 더 많은 돈을 만들어낼 수 있는 효율적인 곳에 투자해야 합니다. 따라서 비효율적으로 자본을 사용하는 기업이라면 지분을 매도하고 효율적인 사용처로 옮기는 것이 현명합니다. 정량적으로 보면 장기간의 표준편차를 넘어서는 ROE 감소가 있을 경우 과감하게 매도를 고민해야 합니다. 마지막으로 배당금을 목적으로 투자한 기업인데 배당금을 줄이는 경우도 매도의 기준이 될 수 있습니다.

이와 같은 매도 사유가 없다면 주식을 계속 보유하면 됩니다. 한번 포트폴리오에 편입한 이상 매도는 신중하게 결정해야 합니다. 이익이 조금 줄었다고 성급하게 매도하는 것은 바람직하지 않아요. 기업의 이익은 여러 변수에 의해서 증가와 감소를 반복합니다. 지나치게 과도한 잣대를 들이대다 보면 빈번한 매매로 이어지죠. 이는 결국 잦은 거래 수수료를 발생시켜 전체 포트폴리오의 자산을 갉아먹는 결과로 나타납니다.

사업가가 기업을 운영하면서 단기간의 실적이 실망스러운 계열사가 있다고 해서 바로 그 사업을 매각하지는 않습니다. 주식투자자도 이와 동일하게 포트폴리오에 포함된 기업의 주식을 쉽게 매도하는 것은 자제해야 합니다. 물론 산업 자체의 실적이 우상향할 가능성이 없다고 판단되거나 회사 재정상 심각한 문제가 발생하면 매도해야 합니다. 이렇게 기업의 실적을 확인하면서 매도가 필요한 기업을 하나씩 제외시키면 포트폴리오는 꾸준히 돈을 잘 벌어오는 기업들로만 채워질 것입니다.

기업이 16.6%의 연평균성장률을 유지할 경우 30년이 지나면 기업의 가치는 100배가 되고, 26%의 연평균성장률을 유지하면 20년 후에 마찬가지로 100배가 됩니다. 장기간에 걸쳐 주가는 기업의 가치를 따라가기 때문에 매수가에 의한 차이는 있겠으나, 수익률도 거의 비슷하게 100배에 가까워집니다. 투자한 10개 종목 중 1개만이라도 100배가 되면 나머지 9개 기업이 망하더라도 모든 손실을 만회하고도 큰 수익을 얻을 수 있죠.

지속적으로 기업의 실적을 확인하고 ROE를 잘 유지하는 기업들로 나의 포트폴리오를 가꾸어나가면 어떤 기업과는 아주 오랫동안 동행하게 될 것입니다. 이처럼 장기투자는 처음 투자하는 시점에 장기투자를 하겠노라 계획을 세우고 하는 게 아닙니다. 시간이 지나면서 안 좋은 기업은 놓아주고 좋은 기업은 남기는 과정을 통해 얻게 되는 결과입니다.

하락장의 위기를 기회로 만들어라

이전에는 시장이 하락하면 개인투자자는 겁에 질려 보유 중인 주식을 팔기 바빴습니다. 하지만 요즘 개인투자자의 태도는 예전과 많이 다릅니다. 주식시장이 하락하면 오히려 주식을 사기 좋을 때라 여기고 매수를 고려하는 태도를 볼 수 있습니다. 아마도 지난 2008년 금융위기나 더 오래전인 1998년 IMF 같은 폭락장을 보면서 학습효과가 생겼기 때문일 테죠.

주식투자자 상당수가 역사적인 폭락장을 떠올리면서 '그때 주식을 샀으면 떼돈 벌었을 텐데…'라는 후회를 했습니다. 그래서 다음에 다시 폭락장이 오면 전 재산을 쏟아부어 주식을 사겠노라고 다짐하죠.

하지만 현실은 조금 다릅니다. 실제로 몇 주, 몇 달간 하염없이 하락하는 주식시장을 보고 있노라면 주식을 사는 게 생각처럼 쉽지 않습니다. 막상 그런 상황이 펼쳐지면 '떨어지는 칼날'을 잡다가 손을 베일까 봐 불안하지요. 게다가 보유 중인 주식의 가격이 10%, 20% 깎여 내려가는 모습을 보고 있노라면 멘탈을 부여잡기가 쉽지 않습니다.

코로나19 대폭락장에서 주식투자를 하며 깨달은 것

이렇듯 투자자라면 누구나 주식계좌가 몇 달 동안 마이너스 수익률을 기록하고 있으면 불안해집니다. 하지만 그럴수록 주식의 가격이 떨어지는 데 동요하지 않고 주식 뒤에 있는 기업이라는 실체를 바라보려고 노력해야 합니다. 실제 기업은 아무런 문제가 없는데 주가가 떨어지면 주식을 비교적 저렴하게 살 수 있는 기회로 삼을 수 있죠. 주가가 더 떨어지면 어쩌나 하는 걱정을 완전히 외면할 수는 없지만, 어차피 정확히 바닥에서 사는 건 불가능하기 때문에 평소보다 낮아진 가격으로 살 수 있다는 것에 만족하는 것이 좋습니다.

저도 작년 코로나19로 인한 3월 폭락장이 왔을 때 두 달에 걸쳐 6,000만 원 넘게 평가액이 하락한 경험이 있습니다. 계좌 평가액을 지키기 위해 시장이 급락하기 시작한 작년 2월부터 있는 돈 없는 돈 다 끌어들여서 약 1억 1,000만 원 정도를 추가로 투입했습니다. 주식계좌의 잔고가 하루에 수백만 원, 수천만 원씩 줄어드는 상황에서 추가 매수를 결정하는 건 정말 쉽지 않았습니다. 하지만 제가 선택한 주식이 '가격은 떨어져도 가치는 떨어지지 않았다'라는 신념을 가졌던 게 다행히도 적중했던 것 같습니다.

진정한 투자는 이렇게 실제 기업의 가치에는 변화가 없으나 외부적 요인에 의해 주가가 떨어진 기업의 주식을 산 후, 그 기업의 임직원들이 열심히 일해서 돈을 쌓아가는 동안 기다려주고, 거기서 나오는 성과를 분배받은 돈으로 다시 그 기업의 지분을 사 모으는 선순환을 반복해서 이어나가는 것이라고 생각합니다. 그것이 부를 이룰 수 있는 길이기도 하지요.

이번 팬데믹 위기도 지나고 보니 역시나 기회였습니다. 아마 주변에서 이 기간 동안 큰돈을 번 사람들의 성공담을 종종 들어보셨을 겁니다. 최근 언론에서 파이어족을 주제로 한 기사를 많이 다루고 있는 것도 그것을 가능하게 한 투자환경 때문이라고 생각합니다.

하지만 아시다시피 기회는 여러 번 오지 않습니다. 자주 온다면 기회라고 불리지도 않겠죠. 1998년 IMF, 2008년 금융위기, 2020년 코로나19 같은 투자 기회가 자주 오지는 않을 것입니다. 그래도 이런 굵직한 위기 사이에 소소한 위기들이 찾아옵니다. 그럴 때면 쫄지 마시고 그 안에서 기회를 찾아내세요. 우선 내가 가진 좋은 자산을 지키는 데 집중하고, 가치는 그대로인데 가격이 저렴해진 자산을 더 사 모으는 겁니다. 그렇게 위기를 기회로 만들 수 있습니다.

시장의 바닥을 확인하는 법

주식투자를 할 때 이상과 현실을 일치시키며 행동하기는 어렵습니다. 어쩌면 그 때문에 투자로 돈을 벌 수 있는 기회가 생기는 것인지도 모르겠네요. 만약 모든 투자자가 이상적으로 행동한다면 주가의 폭락도 급격한 상승도 없을 것입니다. 주가는 딱 기업의 가치에 맞게 선형적으로 움직일 테니, 그 안에서 플러스 알파를 얻기가 어렵겠지요. 때문에 **주식투자로 돈을 벌려면 비이성적인 시장 상황 속에서 한 박자 숨을 고르며 이성적으로 시장을 바라보고 대응할 수 있어야 합니다.**

주가가 고점에서부터 최대 낙폭으로 떨어졌을 때 이를 나타내는 데 최대낙폭지수MDD; Maximum Drawdown라는 용어를 사용합니다. 특정 기간 동안 주가의 고점과 저점의 값을 비율로 계산한 수치입니다. 예를 들어 1만 원이었던 주가가 7,000원까지 하락했다가 반등하면 이때의 MDD는 -30%가 됩니다.

예를 들어 한국의 대표 기업인 삼성전자의 지난 10년간 MDD를 보면 -30% 넘게 하락하는 상황은 필연적입니다. 그것도 길게는 3년 동안이나 주가가 줄줄 흐르면서 떨어질 때도 있었지요. 그렇다고 그 시기에 정말로 삼성전자의 기업 가치가 -30%씩이나 감소했는가 보면 그렇지도 않습니다. 지난 10년 동안 삼성전자의 순자산 가치는 단 한 번도 하락한 적이 없고 적자가 발생한 적도 없었으니까요. 결국 주가가 이리저리 휘둘리며 하락하는 동안에도 기업 가치를 믿고 계속 보유

삼성전자 일별 주가와 MDD 추이

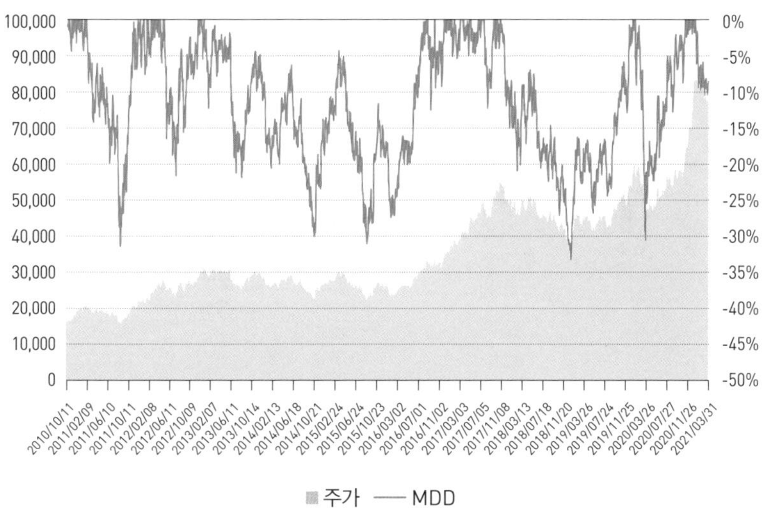

하거나 더 매수한 투자자만이 훗날 큰 보상을 받게 되었습니다.

주식시장이 과열인지 공포인지를 파악하는 또 다른 방법은 CNN에서 제공하는 '공포와 탐욕 지수'Fear & Greed Index를 이용하는 것입니다. CNN머니 사이트(money.cnn.com)에서는 이렇게 시장이 공포 구간에 있는지 탐욕 구간에 있는지를 여러 가지 데이터들로 객관화시켜서 지표를 제공하고 있습니다. 장기간에 걸친 공포와 탐욕 지수의 변화를 확인해보면 지금의 시장 분위기가 어떤 구간에 와 있는지 쉽게 알아볼 수 있습니다.

이 지수의 추세를 보면 제가 크게 손해 보기도 했지만 기회로 삼기도 했던 두 구간인 2018년 말과 작년 코로나19 발생 시점을 정확하게

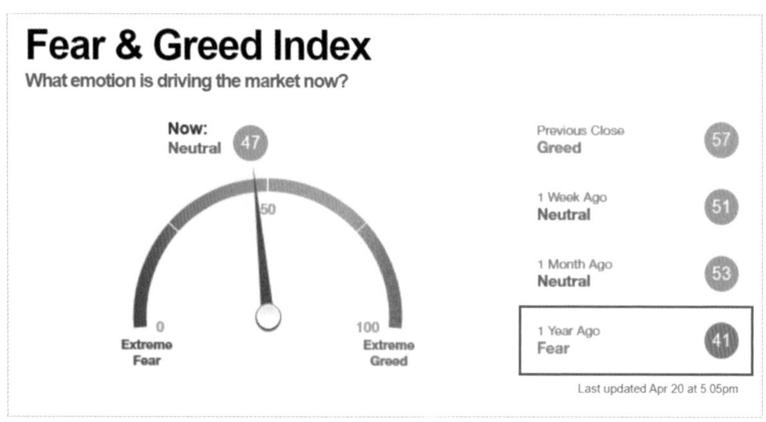

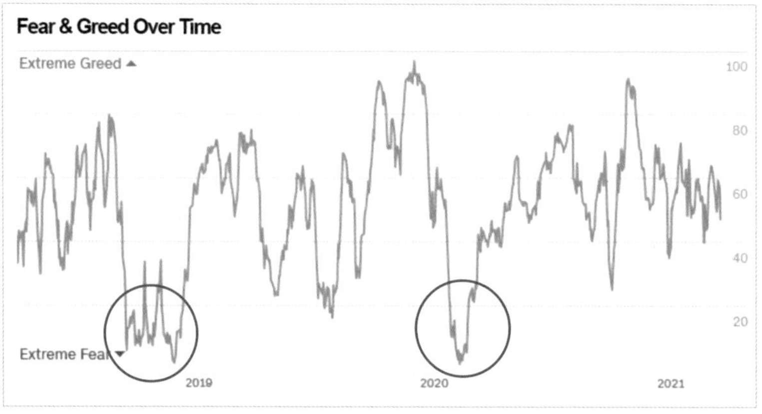

2021년 4월 20일 현재 공포와 탐욕 지수(위)와 최근 3년간의 추이(아래).
(출처: money.cnn.com/data/fear-and-greed/)

나타내주고 있습니다. 물론 이 지표가 미래를 예측해주지는 않습니다. 그러나 현재와 과거의 지표를 이용해서 현재의 주식시장이 바닥인지 아닌지를 가늠해볼 좋은 도구가 될 수는 있습니다.

위기를 기회로 만들 준비를 하자

저는 오랫동안 역사적 폭락장과 같은 상황에 처했을 때 나라면 어떻게 할까 고민해왔습니다. 왜냐하면 제가 본격적으로 주식투자를 시작한 시점이 2015년부터라 IMF나 금융위기와 같은 폭락장을 겪어보지 못했기 때문에 불안했지요. 과연 그런 상황이 왔을 때 실제로 버틸 수 있을지 생각해보곤 했습니다. 이성적으로는 버틸 수 있을 거라 생각했지만 막상 닥치면 생각대로 행동할 수 있을지 장담할 순 없었습니다.

아무리 머릿속으로 테스트를 해본들 급락장이 오면 제 멘탈은 이전과 같지 않을 겁니다. 상상해보는 것과 현실은 다르니까요. 그래서 제가 세운 원칙은 내 계좌 잔고가 하락하는 만큼 추가 매수하는 것이었습니다. 시장의 저점은 정확히 알지 못하더라도 내 계좌의 저점은 알 수 있으니까요. '계좌 물타기'라고 할 수 있는데요. 여기서 전제는 내 계좌가 가치 있는 주식들로 이루어져 있어야 한다는 겁니다. 제 경우 적절히 분산투자를 하다 보니 투자 기간 동안 MDD가 -14%로, 같은 기간 코스피 -32%, 코스닥 -38%, S&P500 -20%보다는 손실이 적었습니다. 그래서 안정적으로 -14%의 2~3배인 -30~-50%까지 하락할 것이라 예상하고, 그 정도까지 물타기할 수 있도록 대출을 끌어들였던 것입니다.

하지만 이 방법은 투자금액이 커지면 커질수록 어려워집니다. 그러므로 '공포와 탐욕 지수' 같은 지표를 활용하여 지금 시장이 바닥인지 아닌지 판단하면서 적절히 대응할 것을 권합니다.

앞으로 또 언제 큰 위기가 올지 모릅니다. 이번 위기를 기회로 만든 분들은 그 성과를 잘 움켜쥐시기 바랍니다. 반면 이번에 기회를 잡지 못한 분들은 다음 위기에서는 그냥 넘기지 마셨으면 합니다. 반드시 그 위기를 기회로 만들 수 있도록 지금부터 투자 경험을 탄탄하게 다져 준비하시길 바랍니다.

투자는 속력보다 방향이다

자본으로 이익을 잘 만들어내는 기업, 즉 돈을 잘 버는 기업의 주식을 보유하게 되었다면 이제 투자자가 할 일은 기다리는 것입니다. 앞서 살펴본 바와 같이 기업은 자산을 이용해 돈을 버는 과정을 거칩니다. 그 돈이 기업에 쌓이면서 기업의 가치는 점점 올라갑니다. 따라서 그 과정을 위한 물리적인 시간은 절대적으로 필요합니다. 투자자는 기업이 돈 버는 시간을 기다려줘야 하는 것이지요.

주식을 매수하기 전 실적을 통해 돈을 잘 버는지 확인하고, 사업보고서를 통해 어떤 비즈니스로 돈을 벌며 앞으로도 계속해서 수익을 낼 수 있는지 판단합니다. 검증을 거쳐 확신이 들면 매수한 후 기다립니다. 예상이 맞다면 기업 가치와 주가는 장기적으로 우상향합니다.

수익은 매수와 매도 사이의 행동으로 결정된다

기업은 분기마다 실적을 발표합니다. 아울러 그 실적에 따라서 주가도 변화하는 것이 당연지사죠. 하지만 실제 주식시장은 그렇지 않습니다. 갖가지 뉴스와 소문 그리고 투자자들의 심리 등 여러 가지 소음에 의해서 주가가 하루에도 몇 번씩 바뀝니다. 이때 단기적으로 변화하는 가격은 기업 가치와는 무관합니다.

그러나 장기적으로 주가는 반드시 기업 가치를 따라가게 되어 있습니다. 다만 가치에 따른 특정한 가격이 있는 것은 아니고 어느 정도 멀티플 범위 안에서 합의가 이뤄지죠. 예를 들어 삼성전자의 경우 지난 10년간 PBR을 보면 1.0에서 2.0 사이를 왔다 갔다 하고 있으며 중간값은 약 1.4입니다. 주식시장은 한국에 위치하며 반도체와 휴대폰 제조업을 하는 삼성전자에게 자본 대비 1.0에서 2.0 정도의 가치를 부여할 수 있다고 판단한 것이지요.

이렇게 특정 범주에서 가격이 정해진 기업이 사업을 하면서 지속적으로 이익을 쌓아간다면 시간이 지날수록 기업 가치는 올라갈 것입니다. 물론 단기간에는 가치와 가격이 일치하지 않을 수 있습니다. 그러나 옆의 그래프와 같이 기업의 주가는 장기간에 걸쳐 두고 보면 기업 가치에 상당하는 미래 주가 범위에 위치하게 됩니다. 예를 들어 삼성전자의 이익이 늘어나면 순자산이 올라가고 PBR은 낮아지겠죠. 그러면 투자자들은 투자가치가 있다고 판단해서 삼성전자를 매수할 것이

최근 10년간 삼성전자 PBR 추이

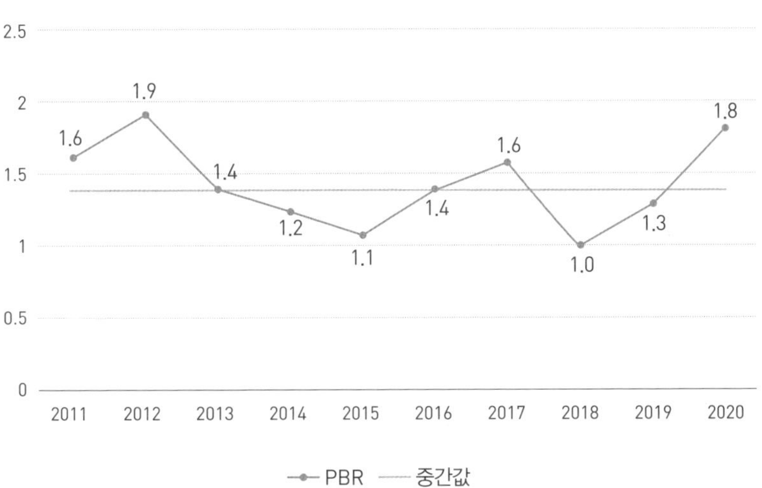

시간 경과에 따른 현재와 미래의 주가 범위

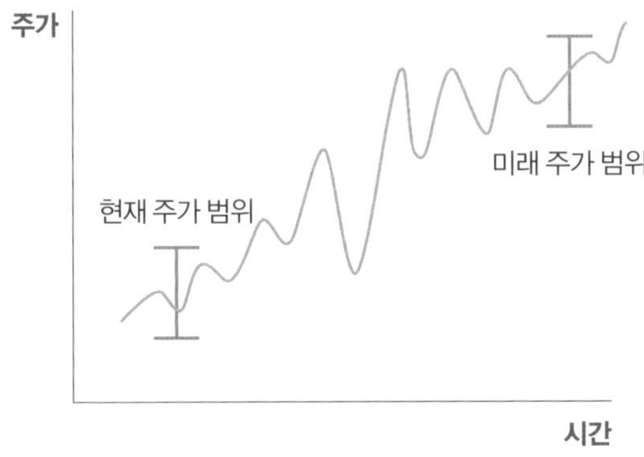

고, 그에 따라 다시 적정한 PBR 범위가 될 때까지 주가는 상승할 겁니다. 따라서 투자자는 현재의 주가가 '미래 주가 범위'에 다다를 때까지 인내심을 갖고 기다릴 수 있어야 합니다. 성공적인 투자를 위해서는 장기투자가 필수입니다. 다만 장기투자를 한다고 해서 보유한 종목을 무조건 오래 갖고 있으라는 말은 아닙니다. 현재 주가 범위가 미래 주가 범위로 가기 위해서 기업이 계속 돈을 버는 능력이 있는지 추적하면서 그 기업과 동행해야 합니다.

이때 인내심이 없는 돈으로 투자해서는 안 됩니다. 주식투자로 돈을 벌기 위해서는 장기투자가 필수적이기 때문에 오랫동안 사용하지 않아도 되는 투자금이 필요합니다. 당장 내년이나 내후년에 써야 할 돈이라면 기업의 가치와 주가가 미래 주가 범위에 다다를 때까지 기다릴 수 없습니다. 또한 무리하게 빚을 내서 투자하면 조급한 마음은 더 커집니다. 반면 부자는 당장의 생활을 위한 돈이 아닌 여윳돈으로 투자하기 때문에 상대적으로 오랜 기간 기다릴 수 있습니다. 그것이 부자일수록 돈을 더 잘 벌 수 있는 이유입니다.

10억으로도 할 수 있는 투자법인가

주식투자를 하다 보면 스스로에게 진지한 질문을 던질 때가 있습니다. 저는 투자금액이 1억 원을 넘어설 무렵 머릿속에 한 가지 고민이 생겼습니다. '내가 지금 하고 있는 투자 방식으로 10억 원을 갖고도 동일하게 투자할 수 있느냐'는 것이었습니다. 당장 10억 원이 있는 것도 아니면서 이런 고민을 하게 된 데는 이유가 있습니다. 주식투자에서 중요한 것은 투자금액의 규모나 수익을 내는 속력보다도 제대로 된 방법으로 꾸준한 수익률을 만드는 투자의 방향이라고 생각했기 때문입니다.

개인투자자는 투자금이 적기 때문에 리스크가 크더라도 빨리 수익을 낼 수 있는 방법을 택하는 경우가 많습니다. 일단은 그런 방식으로 자본금을 크게 늘려놓고 나중에 안정적인 투자를 하겠다는 목표를 갖는 것이지요. '적은 자본으로 1년에 10~20% 수익을 내서 언제 부자가 되겠느냐'라고 생각하면서 말입니다. 하지만 단타나 테마주로 많은 수익을 내고, 그것을 기반으로 나중에 안정적인 투자를 시작하기란 말처럼 쉽지 않습니다.

단타나 테마에 의해 주식을 사고팔면 기업의 성장과는 무관하게 단기간의 확률로 성과가 좌지우지됩니다. 그래서 잃지 않는 투자를 하기가 어렵습니다. 또한 그런 방식으로 큰 수익을 낸 경험을 갖게 되면 그 방법을 버리기가 쉽지 않습니다. 더 큰 수익을 내고 싶은 욕심이 커지기 때문이지요. 그래서 단기적으로는 리스크를 안고 큰 수익을 낸 후 나중에 안정적인 투자를 한다는 것은 모순입니다. 주식시장은 그런 운을 여러 번, 게다가 타이밍을 딱 맞춰서 주지 않습니다.

나심 니콜라스 탈레브는 《행운에 속지 마라》에서 다음과 같은 비유를 했습니다. 만일 25세의 청년이 1년에 한 번씩 큰 상금이 걸려 있는 러시안룰렛을 한다면 그가 50번째 생일을 맞이할 가능성은 매우 낮습니다. 다만 이 게임에 참여하는 사람이 수천 명이라면 우리는 몇몇 생존자를 보게 되겠지요. 그리고 많은 사람이 그 생존자에게 열광하고 그를 추종할 것입니다. 하지만 몇몇 생존자에 가려져 싸늘하게 죽어나간 수많은 도전자가 있었다는 것을 항상 기억하고 두려워해야 합니다.

그래서 제가 치열한 고민 끝에 내린 결론은 이렇습니다. 해당 기업이 이익을 만드는 과정을 이해한 후 장기간 이익을 잘 만들어왔고 앞으로도 그럴 것 같다면 그 기업의 주식을 가능한 저렴하게 확보하는 것입니다. 이때 나의 전망이 틀릴 수도 있으므로 여러 개 기업에 분산투자합니다. 그리고 기업이 번 돈이 자본으로 쌓이며 기업의 가치가 시장의 가격에 반영될 수 있도록 충분히 기다립니다. 그 기간 동안의 변동성은 당연한 것으로 받아들이고 특수한 이벤트로 주가가 크게 하락하는 때가 오면 추가 매수의 기회로 삼습니다.

이런 투자 방법을 지속해온 결과 투자금이 2억 원에서 5억 원을 넘어 10억 원을 넘어서도 불안해하지 않고 지속적으로 투자를 하고 있습니다. 앞으로 주식투자 금액이 더 커지더라도 마음 편한 투자를 이어나갈 수 있을 것 같습니다. 여러분도 현재 하고 있는 투자 방식으로 지금의 투자금보다 10배 또는 그 이상을 투자할 수 있을지 반드시 고민해보시기 바랍니다.

월급쟁이 부자를 위한 투자 노트

포트폴리오부터 수익률 관리까지

투자를 하면서 기록은 중요한 역할을 합니다. 투자의 성과를 되돌아보게 도와주고 목표를 향한 여정에서 이정표를 만들어줍니다. 이를 위해 해야 할 일은 단순합니다. 주기적으로 투자금액과 계좌 잔고를 기록하면 되죠.

증권사별로 이런 기능을 제공하고는 있지만 입출금에 따른 계산 방법이 각기 다른 경우도 많고, 계좌가 여러 개인 경우엔 한눈에 파악하기 어렵습니다. 그래서 간단하게 엑셀이나 구글 스프레드시트를 이용해서 자산과 수익률을 관리하는 걸 추천합니다.

트리맵차트로 포트폴리오 관리하기

내가 보유 중인 종목은 내 자산을 이용해 구성한 기업 지분입니다. 반대로 그 기업 지분들의 합이 나의 자산을 이루고 있다고 볼 수 있습니다. 하지만 증권사에서 제공하는 종목 리스트로는 이를 파악하는 데 한계가 있어요. 특히 증권사에서 제공하는 화면 구성은 실시간 현재가

포트폴리오 구성을 한눈에 볼 수 있는 트리맵차트 예시

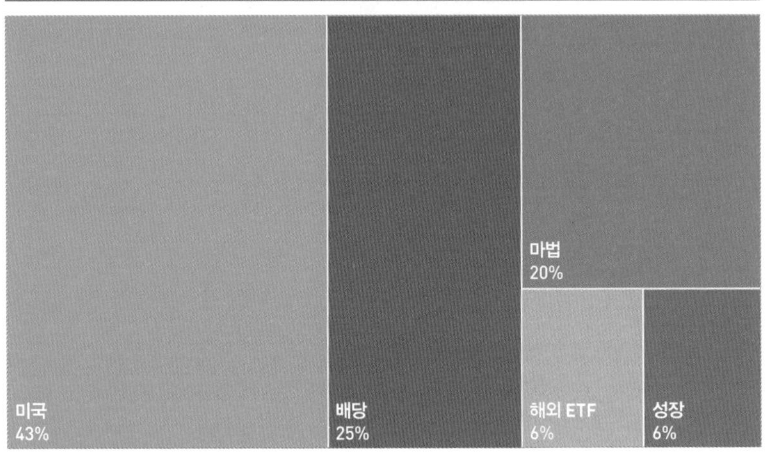

트리맵 예시(위)와 트리맵 만드는 방법을 설명한 유튜브 동영상(https://youtu.be/RgXDiQBTkC0) QR코드(아래).

와 수익률에 크게 초점을 맞추고 있습니다. 이는 기업의 지분을 차근차근 모아가는 데 오히려 방해가 되는 요소죠.

기업의 지분을 잘 표현하고 한눈에 나의 자산 구성을 확인할 수 있는 방법으로 트리맵차트를 이용할 수 있습니다. 트리맵차트는 엑셀 2016 이후 버전이나 오피스365 버전에서 사용 가능합니다. 또는 구글 스프레드시트를 이용할 수도 있습니다. 자세한 방법은 검색을 통해서 쉽게 확인할 수 있으며, 제가 엑셀 사용법을 설명한 영상을 참고하셔도 좋습니다.

입출금 내역과 잔고 관리 예시

(단위: 만 원)

연월	입출금			잔고			지수		
	계좌1	계좌2	계좌3	계좌1	계좌2	계좌3	코스피	코스닥	S&P500
2019/01	100	100	100	110	110	110	2,000	600	2,600
2019/02				110	90	120	2,100	650	2,700
2019/03	200	200	200	400	300	400	2,120	800	2,800
2019/04				400	400	400	2,120	670	2,900
2019/05				550	400	550	2,130	680	3,000
2019/06	-50	50	-30	550	400	550	2,130	800	3,100
2019/07				550	550	550	2,200	700	3,000
2019/08				550	550	550	2,300	650	2,800
2019/09	100	100		700	650	700	2,400	900	2,900
2019/10		400		750	750	750	2,500	700	3,000
2019/11	400			1,200	1,000	1,000	2,600	1,000	3,200
2019/12			400	1,250	800	1,100	3,000	1,100	3,500

매월 입출금 내역과 잔고 기록하기

먼저 입출금 내역과 잔고를 기록하는 방법입니다. 예를 들어 계좌1에 2019년 1월에 100만 원을 입금했으면 100을 입력하고, 2019년 6월에 50만 원을 출금했으면 -50이라고 입력합니다. 잔고는 월말 기준 잔고를 기록하고, 투자 성과를 비교하기 위해 코스피 등 벤치마크의 월말 지수값을 기록합니다

월수익률 관리 예시

(단위: 만 원)

연월	종합							지수		
	입출금 누적	잔고	수익금 누적	수익금 비율	월수익금	월수익률	계좌 지수	코스피	코스닥	S&P500
2019/01	300	330	30	10%	30	10.0%	110	105	106	108
2019/02	300	320	20	7%	-10	-3.0%	107	105	108	104
2019/03	900	1,100	200	22%	180	19.6%	128	106	133	108
2019/04	900	1,200	300	33%	100	9.1%	139	106	112	112
2019/05	900	1,500	600	67%	300	25.0%	174	107	113	115
2019/06	870	1,500	630	72%	30	2.0%	177	107	133	119
2019/07	870	1,650	780	90%	150	10.0%	195	110	117	115
2019/08	870	1,650	780	90%	-	0.0%	195	115	108	108
2019/09	1,070	2,050	980	92%	200	10.8%	216	120	150	112
2019/10	1,470	2,250	780	53%	-200	-8.2%	199	125	117	115
2019/11	1,870	3,200	1,330	71%	550	20.8%	240	130	167	123
2019/12	2,270	3,150	880	39%	-450	-12.5%	210	150	183	135

계좌와 시장의 지수는 2019년 1월 1일 기준 임의값 100으로 시작하는 것을 가정한다. 각 지수의 월수익률은 지면 제약상 생략한다.

투자수익률 계산하기

이제 수익률을 계산해보죠. 우선 월별로 각 계좌의 입출금과 잔고를 각각 더해 누적금액을 구합니다. 월수익률은 이달 잔고에서 지난달 잔고와 이달 입출금을 제외한 값을, 지난달 잔고와 이달 입출금을 더한 값으로 나누면 시간가중수익률로 구할 수 있습니다.

여기서 시간가중수익률은 수익률 측정 기간 중 현금이 들어오고 나

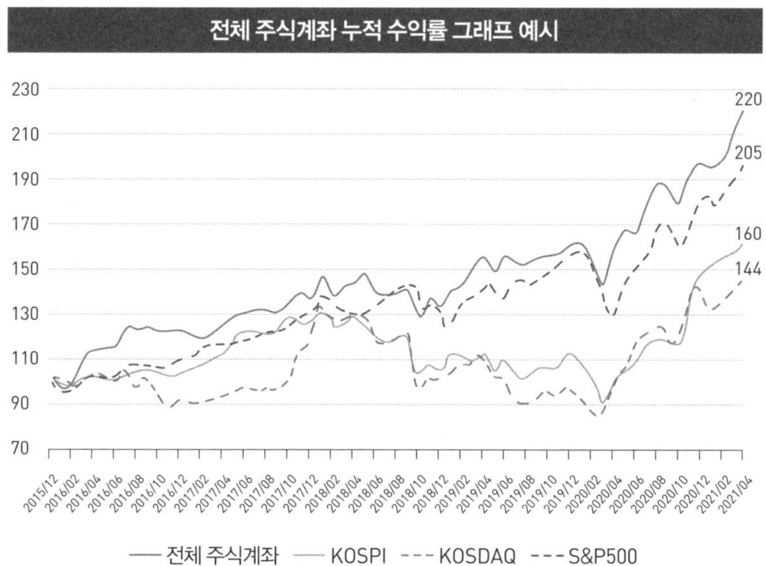

가면서 왜곡되는 값을 제외하는 계산 방식입니다. 투자금과 상관없는 진짜 수익률을 구할 수 있죠.

$$\text{월수익률} = \frac{\text{이달 잔고} - (\text{지난달 잔고} + \text{이달 입출금})}{\text{지난달 잔고} + \text{이달 입출금}}$$

앞서 구한 월수익률을 임의로 정한 지수값 100에 매달 곱해주면, 입출금 금액과 관련 없이 수익률을 확인하고 시장지수와 비교할 수 있습니다. 이것을 코스피, 코스닥, S&P500 지수 등 벤치마크 지수들과 비교하며 투자 성과를 관리할 수 있습니다.

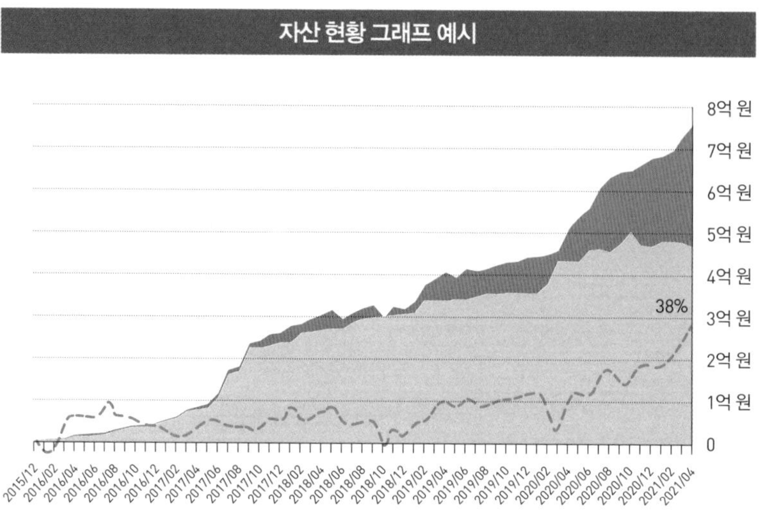

■입출금 누적 ■수익금 누적 ---수익금 비율

왼쪽의 QR코드를 통해 책에서 소개한 엑셀 파일과 그래프에 대한 보다 상세한 설명과 다운로드 링크가 게시된 블로그 글(blog.naver.com/caruspuer/221478853927)을 확인할 수 있다.

전체 계좌의 지수값과 벤치마크 지수값을 이용하면 특정 시점을 기준으로 누적 수익률을 비교할 수 있는 그래프를 앞 페이지와 같이 만들 수 있습니다.

그리고 입출금 누적값과 수익 누적값을 누적영역형 그래프를 이용하여 그린 후, 수익금 비율을 꺾은선형으로 표시하면 위와 같이 자산 현황 그래프를 만들 수 있습니다.

바쁜 직장인 투자자를 위한 원페이지 정리

월급쟁이라면 낚싯대 대신 그물을 쳐라

꾸준히 수익을 내서 ROE가 높은 기업을 가능한 저렴하게 매수하되, 10개 내외로 분산투자하자. 이때 기업이 속한 산업도 적절하게 분산되어야 한다.

근로소득으로 포트폴리오의 지분을 확장하라

포트폴리오를 리밸런싱할 때는 팔고 사는 방식이 아닌 계속해서 모아가는 방식이어야 한다. 이는 직장인의 안정적인 현금흐름을 최대한 활용할 수 있는 방법으로, 나의 사업체가 점점 성장하는 걸 체감할 수 있는 진정한 가치투자 방식이다.

기업의 성적표인 실적은 반드시 확인하라

사업보고서의 모든 내용을 매번 다 볼 필요는 없지만 매출, 영업이익, 순이익으로 이어지는 실적을 보여주는 손익계산서만큼은 주기적으로 반드시 확인해야 한다.

하락장에서는 가격이 아닌 '가치'를 보라

주식투자로 돈을 벌려면 비이성적인 하락장에서 이성적으로 대응해야 한다. 큰 폭의 하락장에서도 내가 선택한 주식이 '가격은 떨어져도 가치는 떨어지지 않았다'라는 신념이 있으면 오히려 기회로 삼을 수 있다.

나만의 투자 방향을 확립하라

'내가 지금 하고 있는 방식으로 10억 원을 갖고도 동일하게 투자할 수 있느냐'라는 질문을 해보자. 주식투자에서 중요한 것은 당장의 수익률보다도 제대로 된 방법으로 꾸준한 수익률을 만들어낼 수 있는 투자의 방향이다.

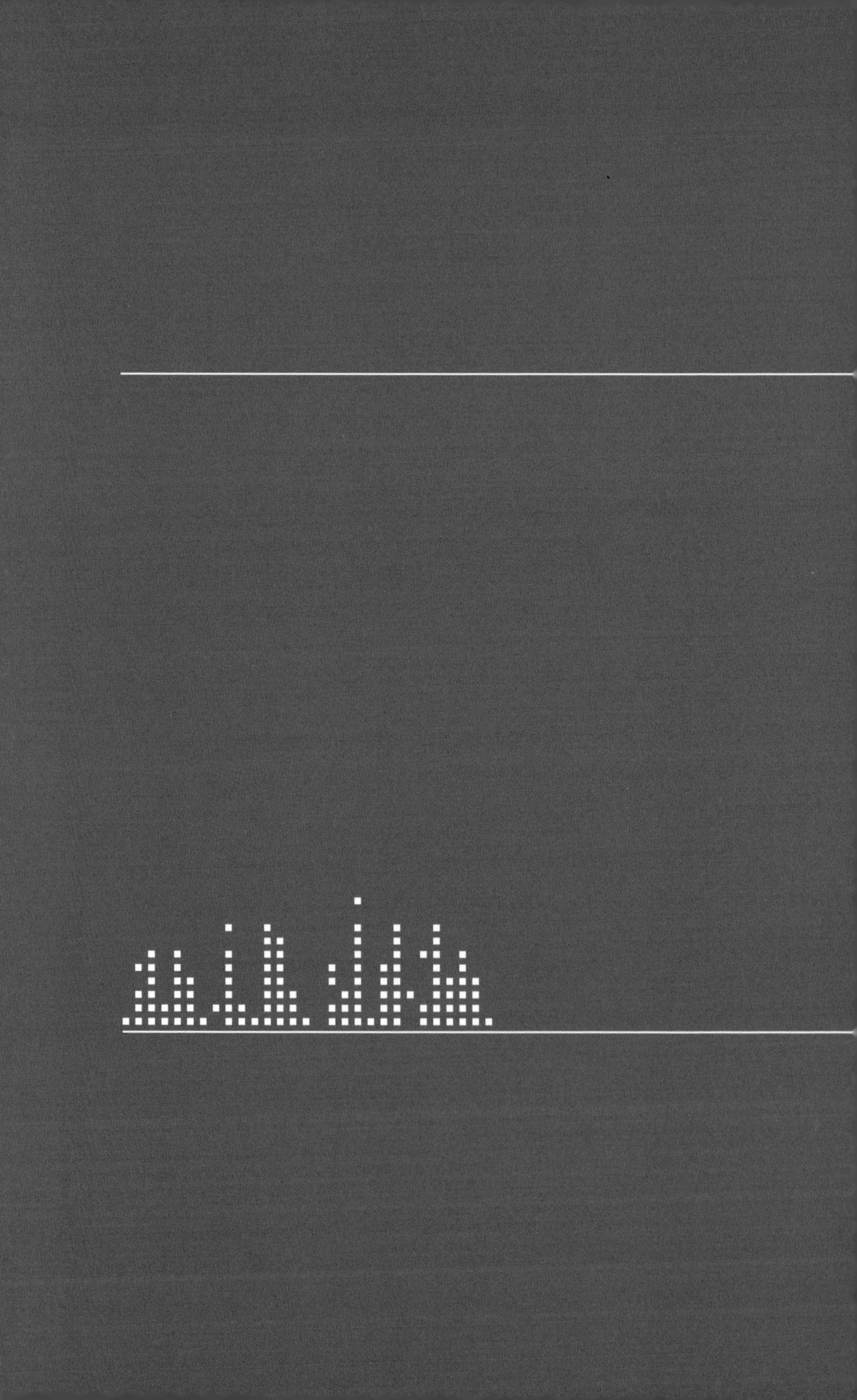

제7장

투자 성과의 8할은 마인드 컨트롤로 이룬다

“주식시장은 인내심 없는 사람의 돈을
인내심 있는 사람에게 이동시키는 도구다.”

_워런 버핏

하루에도 몇 번씩 주식 앱을 켠다면

생텍쥐페리의 소설《어린 왕자》는 B-612라는 소행성에서 살고 있던 어린 왕자가 견문을 넓히기 위해 여러 별을 돌아다니며 만난 사람과 동식물들의 이야기를 담고 있습니다. 그중 네 번째 별에서 어린 왕자는 한 사업가를 만나게 됩니다. 그 사업가는 얼마나 바쁜지 어린 왕자가 곁에 왔는데도 고개조차 들지 않았습니다.

"셋 더하기 둘은 다섯, 다섯 더하기 일곱은 열둘… 자, 이제 그럼 5억 162만 2,730…."

사업가는 이렇게 끊임없이 숫자를 세며 중얼거렸습니다. 어린 왕자와 시시한 이야기 따위로 시간을 허비하지 않겠다는 듯이 말이지요.

어린 왕자는 알고 사업가는 모르는 것

"무엇이 5억 100만이란 말이에요?"

어린 왕자는 사업가에게 무엇을 그렇게 열심히 세고 있느냐고 물었습니다. 사업가는 본인이 소유한 별을 세고 또 세고 있다고 대답했습니다. 별들을 은행에 맡겨두고 그것이 적힌 작은 종이의 숫자를 계속 세고 있었던 것이지요. 스스로를 대단히 중대한 일을 하는 착실한 사람이라고 생각하면서 말입니다. 누군가 옆에 있는 게 귀찮다는 듯이 퉁명스럽게 대꾸하는 사업가에게 어린 왕자가 이렇게 말합니다.

"나는 꽃을 하나 가졌는데 날마다 물을 줘요. 그리고 화산 3개를 주일마다 청소하죠. 그 일들은 화산한테도 이롭고 꽃한테도 이롭지만, 아저씨가 하는 일은 별들에게 이로울 게 없어요."

사업가는 그 말을 듣고 뭔가 말을 하려고 입을 열었지만 할 말이 떠오르지 않았습니다. 어린 왕자는 '정말이지 어른들은 이상야릇해'라고 생각하며 그 별을 떠나게 됩니다.

어린 시절 《어린 왕자》를 읽었을 때, 이 사업가는 정말이지 이상한 사람이었습니다. 왜 별을 소유하는 데 그렇게 집착하고 종이에 써놓은 걸 달달 외우며 의미 없는 시간을 보내는지 이해할 수가 없었지요. 자신의 곁에 풍뎅이 한 마리가 찾아와도, 신경통이 발작해도, 또 운동 부족인 걸 알면서도 한가롭게 걸어다닐 시간이 없다며 계속해서 숫자만 세고 있는 모습을 보며 너무나 한심하다고 생각했습니다.

계좌 잔고를 새로고침하는 동안 놓치는 것들

그런데 어느 날부터 제가 그 이상한 사업가의 모습을 하고 있었습니다. 사업가가 별의 개수가 쓰인 작은 종이에 집착하듯 저는 주식잔고를 볼 수 있는 작은 스마트폰 화면에 집착하고 있었던 것이지요. 기업의 펀더멘털은 변한 게 없는데 저는 하루에도 몇 번씩 변하는 주가를 보고 계좌의 잔고를 확인하고 있었습니다.

어린 왕자가 "어른들은 정말 이상해"라고 말한 '그 어른'이 바로 저였습니다. 그렇게 숫자에 집착하는 사이 나를 떠나버리는 것들은 무엇일까요? 그것은 사랑하는 연인과의 애틋한 순간, 귀여운 자녀의 어린 시절, 소중한 가족과의 행복한 시간 등 다시는 되돌릴 수 없는 순간일 수 있습니다. 혹시 여러분도 하루에 몇 번씩 요동치는 주가를 멍하니 바라보며 계좌 잔고를 새로고침하고 있지는 않나요? 그러는 사이에 우리가 놓치고 있는 건 무엇일까요?

좋은 기업의 주식을 갖고 있다면 돈 버는 일은 기업에 맡겨놓으시기 바랍니다. 믿고 맡기지 못할 기업은 애초에 갖지 말아야 하고요. 투자하는 기업에게도 나에게도 도움이 되지 않는 행동은 멈추고, 진짜 놓치지 말아야 할 것에 집중하시길 바랍니다.

타인에 의존하는 투자는 결국 실패한다

요즘 고깃집은 손님이 직접 고기를 굽지 않아도 되는 곳이 많습니다. 경험 많은 직원 분이 숙련된 기술로 맛있게 구워주는 덕분에 최상의 맛을 지닌 고기를 편하게 먹을 수 있지요. 그래서 언제부터인가 주문한 고기가 나와도 언제 구워주나 하고 기다리게 됩니다. 이렇게 남이 구워주는 고기만 먹다 보니 어느 순간 직접 고기를 굽는 게 어색할 때도 있습니다. 그리고 내가 직접 구우면 전문가가 해주는 것보다 뭔가 맛이 부족하다고 느껴지기도 하지요.

고기는 너무 많이 뒤적거리면 퍽퍽해지기 때문에 육즙을 적당히 살려내기 위해 뒤집는 타이밍과 횟수를 잘 파악해야 합니다. 먹기 전까지 두 번 정도만 뒤집는 게 좋다는 사람도 있고, 여러 번 뒤집어 속까지 잘 익혀야 한다는 사람도 있죠. 어찌 됐든 적절한 횟수와 기막힌 타이밍이 맞아떨어져야 맛있는 고기를 먹을 수 있습니다.

그런데 누구나 처음부터 고기를 잘 구울 수는 없습니다. 여러 차례 시행착오를 거쳐야 생기는 기술이지요. 생각보다 쉽지 않다 보니 내가 직접 굽다 보면 왠지 잘못될 거 같고 비싼 고기를 최상의 상태로 먹지 못하는 게 아닐까 하는 찝찝함도 생깁니다. 이렇게 다른 사람이 해주는 것에 길들여진다는 건 무서운 일입니다.

도전과 시행착오로 진짜 내 실력을 키워라

최근에는 주식투자 영역에도 '구워주는 고기'처럼 투자자가 먹기 좋게 종목을 정하고 분석해주는 사람이 많습니다. 유튜브 또는 오픈 채팅방, 유료 리딩방 등 다양한 채널을 통해서 수천 개가 넘는 기업 중에서 몇 가지 종목을 딱 골라주고 그에 대한 자세한 분석까지 줄줄이 해주니 투자가 정말 편하게 느껴질 수 있습니다. 그들이 분석해준 내용을 보고 살지 말지만 결정하면 되니까요.

그런데 이런 투자 방식은 누군가 구워주는 고기를 받아만 먹는 것과 다를 게 없습니다. 당장은 전문가에 해당하는 사람들이 종목을 추천해주고 분석해주는 게 투자에 도움이 될 수도 있습니다. 굳이 시간과 공을 들여서 종목을 찾아보고 스크린하며 길고 지루한 사업보고서를 읽지 않아도 되니까요. 그러나 이렇게 다른 사람에게 의지하다 보면 장기적으로 반쪽짜리 투자밖에 하지 못합니다.

지금 내 입맛에 맞게 주식 종목을 골라주고 설명해주는 전문가 혹은 고수라 칭하는 이들이 언제까지 내 곁에서 도움을 줄 수 있을까요? 그들에게 나의 인생에서 매우 중요할뿐더러 심지어 평생을 이어나가야 하는 투자를 의지하는 건 위험한 행위입니다.

본인이 직접 종목을 선택하고 분석할 줄 아는 상태에서 다른 이가 전달하는 내용을 참고하는 건 이로울 수 있습니다. 내가 바라본 기업의 가치와는 다른 관점으로 분석한 내용을 비교 평가하면서 투자 근거를 단단하게 만드는 수단으로 활용할 수 있으니까요. 반면에 단순히 누군가 찍어주는 종목만 사고 그 사람이 바라보는 전망에만 의지하는 건 잘못된 투자 방식입니다. 그런 식의 투자로 단기간 돈을 벌 수는 있지만, 장기적으로 봤을 때는 꾸준히 수익을 내기 어렵고 투자 실력도 늘 수 없습니다.

> 주식투자를 할 때 추천 종목만 받길 기다리고 있는 사람은
> 주식으로 돈을 벌었나 못 벌었나만 기억할 뿐이다.
> 하지만 직접 종목을 찾고, 비즈니스 모델을 분석하고,
> 수익의 흐름을 추적할 수 있는 사람은
> 더 많은 경험을 한 덕분에 더 많은 투자 능력을 보유하게 된다.

위 내용은 안도현 시인의 책 《가슴으로도 쓰고 손끝으로도 써라》에

서 '제발 삼겹살 좀 뒤집어라'의 내용을 패러디한 것입니다. 직접 고기를 굽는 것처럼 직접 주식투자를 하는 경험을 쌓아야 합니다. 어쩔 땐 고기를 태우기도 하고 퍽퍽하게 굽기도 할 겁니다. 하지만 그 경험 하나하나가 쌓여서 고기 굽기의 고수가 될 수 있습니다. 주식투자도 내가 선정한 종목이 하락할 수도 있고 결과적으로 몇 번의 실패를 맞이할 수도 있습니다. 그렇지만 이런 과정이 투자 실력을 늘리는 데는 반드시 필요하다는 것을 잊지 않으셨으면 합니다.

급등주를 갖지 못해서 조바심 날 때

주식투자를 하다 보면 한 번씩 갑자기 관심을 받으며 급등하는 종목이 나타나곤 합니다. 특정한 테마가 형성되거나 어떤 사건에 엮이면서 단기간에 몇 배 혹은 수십 배 가까이 상승하는 경우도 있습니다. 이럴 때 해당 종목을 갖고 있지 못하면 부러움이 싹트기 시작합니다. '내가 만약 이 주식을 갖고 있었다면 지금쯤 얼마를 벌었을 텐데!'라는 한탄을 하면서 말이지요. 그렇게 참다 참다가 결국 뒤늦게 매수하는 경우도 있습니다. 물론 그 결과는 대부분 좋지 않습니다.

언제나 시장을 주도하고 급등하는 종목은 있습니다. 어떤 때는 제약주가, 어떤 때는 미래 기술 관련주가 단기간에 저의 목표 수익률을 훨씬 웃도는 놀라운 상승을 보여주곤 했습니다. 그럴 때마다 기회를 놓쳤다는 아쉬운 마음이 들기도 했지요.

그러나 급등 종목을 좇기 전에 그 이면에 있는 위험을 반드시 생각해봐야 합니다. 대부분의 투자자는 급상승 종목이나 오름세가 남아 있는 종목에만 주목합니다. 반면에 잠깐 주목을 받다가 끝도 없이 주가가 하락하거나 심지어 상장폐지로 소멸된 종목들은 금세 잊어버립니다. 아무래도 실패담보다는 성공담이 달콤하고 기억에도 오래 남기 때문이겠죠.

실제 주식시장에서는 급등하는 종목에 뒤늦게 올라타서 성공한 사례보다는 큰 손실을 입는 경우가 더 많습니다. 잘 알지도 못하면서 가격이 오른다는 이유만으로 소위 '떡상 종목'을 무리하게 추격매수했다가 큰 손실을 보는 투자자를 종종 볼 수 있습니다.

인연이 아니라면 쿨하게 보내주자

워런 버핏은 각자 '능력의 범위'Circle of Competence 안에서 투자를 하라고 여러 차례 강조합니다. 이 범위가 얼마나 큰지보다 그 경계가 어디인지를 정확히 아는 게 중요하다고 말합니다. 그러므로 투자를 하면서 자신이 잘 모르고 확신이 안 서는 분야에서 급등하는 종목을 놓치는 것은 아쉬워할 필요가 없습니다. 내 능력의 범위를 벗어난 종목이 놀라운 상승을 보여줬다면, 반대로 놀라운 하락을 보여줄 수 있습니다.

만일 나의 피땀으로 모아온 투자금이 소멸되는 주식과 함께 순식간에 사라져버린다면 얼마나 허무하고 끔찍할까요. 그렇게 되지 않기 위해서는 내 능력의 범위를 정확하게 이해하고, 그것을 넘어서는 것이라면 미련을 갖지 말고 쿨하게 지나쳐버려야 합니다. **내가 잘 알거나 이해할 수 있는 분야에서 좋은 기업을 골라 지분을 보유하는 것만으로도 충분히 만족할 만한 수익을 거둘 수 있습니다.**

앞으로 주식투자를 하는 동안 수많은 급등주들이 내 곁을 스쳐 지나갈 것입니다. 그럴 때마다 아쉬워하며 한탄하지 말고 초심을 찾기 위해 마인드 컨트롤을 해야 합니다. 조금 더 빨리 부자가 되기 위해 불확실성을 높일 필요가 있을까요. 천천히 그러나 확실하게 부자가 되는 길을 택하길 바랍니다.

내가 갖고 있는 주식이 급등한다면?

급등하는 종목을 매수하지 못해 아쉬운 것과 반대로 내가 보유 중인 종목이 급격하게 오르는 경우는 어떨까요? 주식투자를 하면서 평가수익이 오르게 되면 많이 듣게 되는 얘기가 얼른 팔아서 수익을 실현하라는 것입니다. 오른 종목은 팔아서 수익을 확정 짓고, 가격이 낮은 다른 주식을 사는 게 수익을 극대화하는 방법이라고 하면서 말이죠. 듣다 보면 그럴듯해 보입니다. 싸게 사서 비싸게 팔고, 다시 싸게 사서 비싸게 판다는 게 말은 참 쉽습니다.

하지만 실제로 아무나 할 수 있는 일이 아닙니다. 능력도 운도 따라주어야 하죠. 연속해서 그런 성공을 이어나간다는 건 거래의 신이 되어야 가능한 일인데, 그런 능력을 갖춘 사람이 몇이나 될까요? 그런 사람은 많지도 않을뿐더러 배운다고 쉽게 갖춰지는 능력도 아닙니다. 저 역시 그런 능력과 운은 없습니다.

수익을 얻은 주식을 팔아 수익을 확정 짓고자 한다면 단리의 영역에 갇히게 됩니다. 주식은 무엇보다도 훌륭한 복리 상품입니다. 기업의 성장은 절대수치가 아닌 퍼센티지를 목표로 하고, 실제 성장도 그렇게 이루어집니다. 예를 들어 기업이 매년 10% 성장을 목표로 한다면 자산은 매년 복리로 늘어나고 그 증가량의 절대값은 점점 더 커집니다. 시기의 차이는 있겠지만 주가도 당연히 자산가치를 따라 올라가게 되고요.

월가의 영웅이자 전설적인 투자자인 피터 린치는 다음과 같이 말했습니다. "투자자들은 종종 잡초에 물을 주고 꽃을 뽑는 어리석음을 범한다." 주가가 오르는 좋은 주식인 꽃을 꺾어서 수익을 실현하고, 주가가 떨어지는 나쁜 주식인 잡초는 놔두는 우를 범하지 말라는 뜻입니다. 당연히 나쁜 주식은 팔고 좋은 주식은 보유하는 게 옳은 방법이죠. 그런데 실제 투자자들은 이와 반대로 행동하는 경우가 많습니다. 오르는 주식은 보통 그 업종의 시장이 커지고 미래 전망이 좋으니까 오르게 됩니다. 따라서 그런 주식은 계속 보유하면서 100%, 200%,

1,000% 상승을 누리는 것이 바람직합니다.

매수가에 집착하는 앵커링 효과에 빠지지 말아야 합니다. 내가 주식을 산 시점의 기업 가치와 현재 기업 가치는 다를 수 있기 때문이죠. 나의 매수가 대비 주가가 올랐다면 그것은 기업의 가치가 올랐다는 반증이기도 합니다. 따라서 단순히 얼마가 올랐느냐 하는 것은 덜 중요합니다. 그보다 지금 가치 대비 주가가 어느 정도인가를 지켜보며 매매 기준을 삼는 게 바람직하죠. 무엇보다도 작은 수익에 만족하여 꽃을 꺾는 어리석은 우를 범하지 말고, 잡초를 먼저 제거해야 합니다. 그런 자세로 결국 붉은 꽃만 남는 꽃밭을 만드시기 바랍니다.

공포나 조급함에 지지 않고 투자하는 법

대부분의 개인투자자는 주가의 등락에 민감합니다. 보유한 종목의 주가가 오르면 종일 기분이 좋고 반대로 내려가면 기분도 가라앉고 울적해집니다. 이처럼 매일의 주가에 신경을 곤두세운다면 인생의 절반을 우울한 기분으로 살아가야 합니다. 주가는 일 단위로 볼 때 절반은 오르고 절반은 내리기 때문입니다.

주식 거래일 중 절반은 하락한다

코스피지수를 예로 들어 설명해보겠습니다. 2001년부터 2020년까

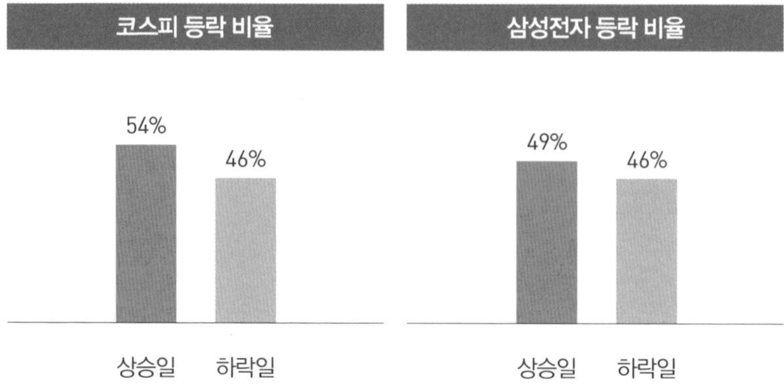

전일 종가와 같은 보합일은 제외했다.

지 20년 동안 주식시장의 거래일수는 약 4,850일입니다. 이 기간 동안 주가가 상승한 날은 2,604일입니다. 반대로 하락한 날은 2,225일입니다. 즉 거래일수의 절반 정도는 주가가 상승하고 절반은 하락했습니다. 만약 매일 주가가 오르내리는 것에 기분이 좌지우지된다면 20년 중 절반은 좌절하며 지내야 했을 거예요. 이처럼 주가의 등락에 민감하게 반응하며 하루하루를 보내는 것은 인생을 낭비하는 일입니다.

종합주가지수 말고 개별 종목도 마찬가지입니다. 현재까지 꾸준히 주가 상승을 기록하고 있는 한국의 대표 종목인 삼성전자를 예로 들어 보죠. 삼성전자의 주가는 계속 상승한 것 같지만 삼성전자도 위의 그래프와 같이 같은 기간의 총 거래일 동안 주가가 상승했던 날과 하락했던 날은 거의 반반입니다.

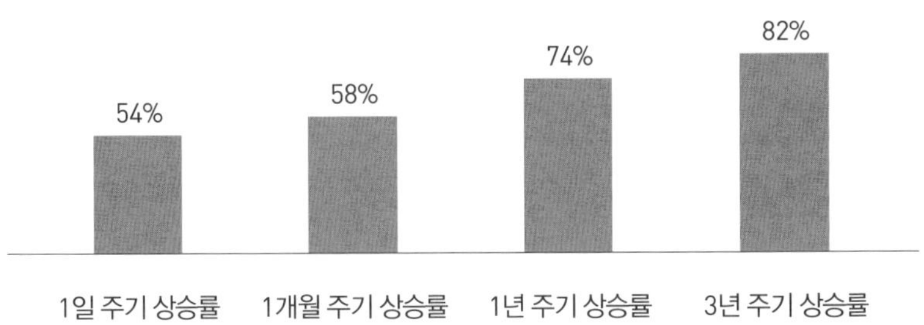

한발 물러나서 보면 결국 우상향이다

이처럼 아무리 실적과 전망이 좋은 기업이라고 해도 주가는 매일같이 상승하지 않습니다. 하루 동안에도 오르락내리락하는 변동성은 반드시 존재합니다. 대부분의 개인투자자는 이 변동성을 견디기 힘들어 합니다. 주가가 내려가면 당장 내 돈을 잃은 것처럼 느껴지기 때문이죠. 따라서 이 변동성을 견뎌낼 수 있는 인내심을 가져야 합니다. 그중 한 가지 방법은 주가 등락을 하루 기준이 아닌 한 달 기준, 분기 기준 또는 1년 기준으로 확인하는 것입니다.

만약 한 달에 한 번만 주가를 확인했다면 어땠을까요? 예를 들어 2001년부터 2020년까지 매월 말일에만 주가를 확인했다면 지수가 올랐을 확률은 58%입니다. 만약 1년에 한 번씩 확인했다면 74%이고, 3년에 한 번씩 확인했다면 82%입니다. 이처럼 주식은 장기적인 관점을 갖고 투자하면 승률도 좋아지고 불필요한 에너지 소모도 줄일 수 있습니다.

경제가 지속적으로 후퇴하지 않는 한 주식시장은 장기적으로 우상향합니다. 인플레이션 때문이기도 하고 기업의 이익이 자본으로 축적되면서 주가가 가치를 따라가면서 보이는 자연스러운 모습이죠. 그중에 실적과 전망이 좋은 기업은 더 높은 기울기로 성장하고 주가도 많이 오릅니다. 다만 단기간에는 여러 경제 상황이나 이벤트 또는 알 수 없는 이유로 주가가 하락할 수도 있습니다. 따라서 **기업의 실적이 좋고 향후 전망도 나쁘지 않은데 주가가 급격히 하락하는 이벤트가 발생하면 매수의 기회로 삼아야 합니다.** 하지만 그런 이벤트를 감지하기 위해 매일 주가 창을 들여다볼 필요는 없습니다. 또한 가끔씩 한 번 확인한다 한들 그 기회를 잡는 데 큰 어려움은 없습니다. 큰 하락 이벤트라면 어떻게든 실생활에서 자연스럽게 접할 수 있기 때문이죠.

2020년 상반기에 주식시장은 코로나19로 인해 급격한 하락 국면을 맞았습니다. 제가 보유 중이던 주식의 가격도 폭락을 피할 수 없었지요. 하지만 주식의 실체인 기업의 실적을 꾸준히 확인해왔었고 과거에도 여러 차례 그랬던 것처럼 이런 악재를 이겨낼 거라고 믿었습니다. 그래서 가격이 낮아진 틈을 이용해서 오히려 주식을 매수했습니다.

결국 시간이 지나 정상적인 기업의 주가는 회복됐고, 결과적으로 저는 좋은 기업의 주식을 낮은 가격으로 사 모을 수 있는 기회를 얻었습니다. **주식투자에 있어 변동성은 피할 수 없으며, 폭락장은 좋은 기업의 주식을 싼값에 살 수 있는 절호의 기회라는 것을 꼭 기억하시기 바랍니다.**

무조건 버티는 게 답은 아니다

간혹 장기투자를 무조건 맹신하는 투자자들이 있습니다. 당장은 주식의 가격이 떨어지더라도 언젠가는 다시 오른다는 믿음을 갖고 본인은 절대로 손절하지 않는다는 걸 자랑스러워하는 경우도 종종 있고요. 하지만 이런 방법은 근거가 없는 잘못된 투자 방법입니다. 무조건적인 맹신은 위험합니다.

주식시장이 장기적으로 우상향한다는 것은 맞는 말입니다. 우리는 조금이라도 더 나아진 세상을 만들려는 인간의 본성과 돈을 계속 찍어내지 않으면 번영을 유지할 수 없는 자본주의 사회 시스템 안에 살고 있습니다. 따라서 장기적으로 인플레이션이 발생해 화폐 가치는 점점 낮아지고 자산의 가격은 오를 수밖에 없습니다.

| 잘못된 장기투자의 예

주식시장은 다양한 자산의 집합으로 이루어져 있습니다. 그러므로 꾸준히 상승할 수밖에 없습니다. 하지만 주식시장 안에 있는 개별 기업의 상황은 다릅니다. 1년 동안에도 수많은 기업이 새로 상장하고 폐지됩니다. 사업이 좀 잘되는 기업은 더 많은 자본금을 조달하기 위해 거래소에 상장시킵니다. 반대로 시대에 도태되는 기업은 상장 요건을 충족시키지 못해 결국 시장에서 퇴출되고요.

한때 전 국민에게 사랑받았던 삐삐를 예로 들어보겠습니다. 당시 삐삐를 제조하던 기업들은 많은 돈을 벌었습니다. 기업의 가치가 올라가면서 주식의 가격도 상승했었을 것입니다. 하지만 휴대전화기가 나오면서 삐삐의 수요는 줄어들기 시작했고, 삐삐를 만드는 제조사의 이익도 점점 줄어들었습니다. 이 와중에 재빠르게 비즈니스 모델을 전환한 기업은 그나마 살아남을 수 있었지만 그러지 못한 기업은 결국 시장에서 사라지고 말았습니다.

또 다른 예로 바이오기업 신라젠을 들 수 있습니다. 항암제 개발 성공의 부푼 꿈을 안고 한때 코스닥 시가총액 2위 자리까지 차지했지만 상장폐지의 기로에 서 있습니다. 2020년 5월부터는 주식시장에서 거래정지된 상태로 그해 11월에는 1년의 개선 기간을 부여받았습니다. 이 기간 동안 기업의 노력과 결과에 따라서 거래가 재개될 수도 있고, 상장이 폐지되어 주식의 가치가 종잇조각이 될 수도 있죠. 버티다 보면 언젠가는 다시 오를 거라는 믿음을 가졌던 많은 투자자의 돈은 옴

짝달싹 못 하게 묶여 있는 상태입니다.

신라젠의 개인투자자 비중이 무려 67%에 달하고, 약 16만 명 정도 된다고 하니 또 하나의 개미 잔혹사가 되지 않을까 안타까운 마음이 듭니다.

존버를 할 때와 존버를 멈출 때

이렇듯 주식시장은 영원하지만 개별 기업에게는 정해진 수명이 있습니다. 부지런히 시대의 흐름을 읽어내고 변화하는 기업은 살아남겠지만 그렇지 못한 기업은 언젠가 소멸될 것입니다. 따라서 흔히 '존버'라고 하는 무조건적인 버티기는 주식투자 실패의 지름길입니다. 단순히 오래 버티는 건 올바른 장기투자 방법이 아닙니다. 또한 사람의 수명은 한정적이기 때문에 시간을 소중히 여겨야 하는데 10년, 20년 걸려서 본전을 찾으면 그게 무슨 의미가 있을까요. 그 기간 동안 내 자본금이 비생산적으로 쓰인 기회비용은 너무나 큽니다.

이런 잘못된 장기투자를 방지하기 위해서는 내가 보유한 기업의 분기보고서나 사업보고서를 항상 챙겨보며 트래킹해야 합니다. 기업의 이익 동향을 살피고 영업이익이나 순이익이 줄어들거나 최악의 경우 적자가 발생한다면 나쁜 신호로 받아들여야 합니다. 더 나아가 기업이 속한 산업의 흐름과 전망을 알 수 있다면 더욱 좋지요. 이런 지표들을 통해 해당 기업이 가치와 무관하게 낮은 평가를 받고 있는지, 아니면 정말로 가라앉는 배인지 판단한 후 버틸지 탈출할지 여부를 결정해야 합니다. 존버에도 기준이 있어야 소중한 내 돈을 지킬 수 있음을 명심하시기 바랍니다. 무엇보다도 기업에 존버하지 말고 시장에 존버하세요.

월급쟁이 부자를 위한 투자 노트

주식투자할 때 한 번쯤 물어보고 싶은 질문들

Q. 이제 주식투자를 시작하려고 하는데요. 큰돈을 덜컥 주식에 투자해도 되는 건가 하는 생각으로 무서워집니다. 어떤 마음가짐으로 시작하는 게 좋을까요?

A. 퇴직한 직장인에게서 발생하는 흔한 실패 사례가 덜컥 자영업을 시작해서 망하는 경우죠. 음식에 관해 아무것도 모르면서 무작정 식당을 차리는 것과 같습니다. 전문 요리사가 있어 직접 요리할 필요가 없다 하더라도 최소한 식당을 운영할 능력은 있어야 하죠. 주식도 마찬가지입니다. 주식투자는 기업의 지분을 사는 행위입니다. 따라서 내 자본이 기업에 들어가서 어떻게 쓰이고 어떤 식으로 이익을 가져다주는지를 알아야 합니다. 만일 이런 준비가 되어 있지 않다면 내 소중한 자본이 잘못된 곳에 비효율적으로 쓰이거나 심지어 사라져버릴 위험까지 있는 게 주식시장입니다.

먼저 기업으로 들어간 나의 자본이 자산이 되고 이익을 만드는 과정을 이해하셔야 합니다. 초기 3~5년 동안은 소규모로 그 과정과 보상을 확인해보세요. 내가 그 과정을 잘 이해하고 있는지, 주식 투자에 적합한 성향을 가졌는지 확인한 후에 투자금을 늘려가며 진행하는 게 올바른 방법입니다. 당장 큰돈을 넣어서 이익을 얻어야 한다는 조급한 생각을 버리세요. 사실 투자는 평생에 걸쳐 해야 합니다. 그리고 주식시장은 어디 가지 않습니다.

Q. 주식투자로 큰돈을 벌지 못해서 너무 속상합니다. 계속 도전해야 할지, 포기해야 할지 고민입니다.

A. 먼저 주식투자는 큰돈을 버는 것보다 가지고 있는 돈을 불리는 데 목적을 두는 게 맞습니다. 근로소득을 통해서 직접 벌든 누군가에게 물려받든 어떤 돈이든 괜찮습니다. 어쨌든 돈이 있어야 하고, 주식시장은 그 돈을 불려주는 역할을 합니다. 절대로 제로베이스에서 돈을 벌어다 주지는 못합니다.

그런데 많은 사람이 주식시장에서 큰돈을 벌려고 합니다. 30만 원을 가지고 60만 원으로 돈을 불리는 게 아니라 30만 원을 가지고 30억 원을 벌려고 하죠. 그러다 보니 1년 10% 수익률에는 만족을 못 합니다. 그렇게 해서는 이번 생에 큰 부자가 되기 어렵단 걸 아니까요. 그래서 어쩔 수 없이 수익의 속도를 당길 수 있다고 믿는 트레이딩 유혹에 빠지게 됩니다. 주식을 갖고 있으면 돈은 기업이 벌어다 주는 건데 본인 스스로 돈을 벌고자 노력하는 것이죠. 문제는 저가에 사서 고가에 파는 트레이딩을 연속적으로 하기 어렵다는 것입니다. 99번 성공하다가 1번 크게 실패해서 모든 걸 잃는 경우도 생기고요.

투자수익은 '자본금×수익률' 그리고 투자 기간으로 이루어집니다. 여기서 수익률도 중요하지만 자본금과 시간의 영향이 더 큽니다. 따라서 지금까지 실패한 이유를 잘 살펴보셔야 합니다. 스스로에 대한 믿음이 부족해 자본금이 적었는지, 수익률이 형편없어서인지, 충분한 기다림의 시간을 갖지 못해서인지요. 그런 후에 수익률은 기업이 가져다준다는 믿음을 전제로 투자자본금을 늘리고, 긴 시간 인내할 수 있도록 실력과 마음을 단련하시기 바랍니다.

Q. 주식투자로 어느 정도 수익을 얻고 나니 직장을 계속 다닐 필요가 있나 하는 생각이 듭니다. 좀 더 공부를 하면 더 많은 수익을 얻을 수도 있을 것 같아요. 직장과 전업투자, 어떻게 생각하시나요?

A. 직장에서의 성취감이 오로지 돈에서만 나오고, 주식투자를 통해 그 돈이 대체될 수 있다면 직장을 그만두는 것도 좋은 선택일 수 있습니다. 다만 주식투자를 통한 수익이 꾸준히 발생해야 한다는 전제가 필요하죠. 하지만 매매 수익은 불확실성이 크다는 걸 알고

계셔야 합니다. 반면 거의 확정적으로 예측할 수 있는 배당수익이라면 훨씬 안정적일 겁니다.

그리고 안타깝게도 어느 정도 학습량이 충족된 이후에는 공부량과 주식 성과가 비례하지는 않습니다. 돈을 버는 건 내가 아니고 기업인데, 내 시간을 많이 들인다고 기업 실적이 더 좋아지는 건 아니기 때문이죠. 물론 좋은 기업을 찾아내서 고르는 데는 어느 정도 시간이 필요하겠지만요. 또한 기업은 사업이 잘 돌아가고 있는지 분기마다 발표하는데, 매일 시간을 내서 무언가를 계속 들여다봐야 한다면 어떨까요? 과연 그게 경제적 자유의 궁극적 목적인 '시간의 자유'를 위한 길인지 의문이 듭니다.

각기 다르겠지만 직장인으로서 누리고 있는 복지 혜택이 은근히 많습니다. 실무에서만 접할 수 있는 문제 해결 능력과 동료들과의 네트워크도 무시할 수 없죠. 이런 장점들을 모두 커버하고도 남을 만큼의 주식투자 성과를 얻게 되었을 때 본인이 우선순위에 두고 있는 인생의 가치를 깊이 생각해보고 판단하시기 바랍니다.

Q. 요즘 자녀에게 주식계좌를 만들어주는 경우가 많다고 하는데요. 자녀와 함께 주식투자를 하는 건 어떨까요?

A. 블로그와 유튜브를 통해서 주식투자를 하려는 학생들에게 비슷한 질문을 많이 받습니다.

"직장생활만으론 미래가 담보되지 않는 것 같아 막막합니다."

"소액으로 주식투자를 시작해보려 합니다."

"남에게 의지하지 않기 위해 주식 공부를 하고 싶어요."

개인적으로 어린 나이에 자본주의 사회의 이치를 빨리 깨닫고 한 걸음 더 나아가려는 용기까지 갖춘 모습이 보기 좋습니다. 다만 현재 하고 있는 공부나 관심사를 이용해서 최대한의 근로소득을 이끌어내는 데 최우선으로 에너지를 썼으면 합니다. 주식 공부를 미리 해놓으면 도움이 되는 건 맞죠. 하지만 주객이 전도되면 정말 중요한 걸 놓칠 수 있습니다. 주식투자는 평생 할 수 있지만 학업에 충실할 수 있는 기간은 한정적이니까요.

명심해야 할 것은 사람의 에너지는 무한하지 않다는 것입니다. 아시다시피 주식투자라는 게 단지 매수, 매도할 때만 신경 쓰는 게 아닙니다. 전략을 세우고 종목을 분석하고 변동성을 온몸으로 받아들이는 데 상당한 에너지가 쓰입니다. 초기엔 빈번하게 찾아오는 상승과 하락에도 쉽게 흥분하거나 낙심하게 되고요.

본인의 성장에 에너지를 집중시켜야 할 시기에 주식투자로 에너지를 소모하면 정작 해야 할 중요한 일에 방해가 될 수 있습니다. 따라서 개인적으로 학업에 몰두해야 할 나이의 학생에게 주식투자는 득보다는 실이 크다고 생각합니다. 혹시 학생 자녀를 두셨다면 이 세상에서 컨트롤 가능한 최고의 성장주이자 가치주는 바로 자신이라는 것을 알게 해주세요. 그게 가장 중요합니다.

Q. 주식투자에 성공하기 위해 가져야 할 마음가짐이 있다면 알려주세요.

A. 주식투자의 본질은 나의 자본을 이용해서 기업의 지분을 소유하는 것입니다. 그리고 그 기업이 만들어낸 이익을 지분만큼 공평하게 돌려받는 것이죠. 거꾸로 보면 이익을 공평하게 분배해 주주에게 잘 돌려주는 기업의 지분을 얻을 수 있도록 노력해야 합니다. 개인의 시간이나 재능을 들여서 모은 자본은 소중하고 한정적입니다. 때문에 좀 더 나은 기업에 나의 자본을 넣어둘 수 있어야 하죠. 좀 더 나은 기업에 내 자본을 넣어두고 끊임없이 일하게 하는 것, 그리고 이것을 장기간에 걸쳐 반복하는 것이 성공하는 주식투자의 길 아닐까요.

주식투자는 매우 긴 여정이기에 누군가에게 의지하기 어렵고 의지해서도 안 됩니다. 그리고 타인과 비교할 필요도 없습니다. 내 앎의 범위 안에서 이전보다는 조금씩 더 나은 방향으로 움직인다는 마음가짐으로 나아가다 보면 분명 나만의 목표에 다다를 수 있습니다.

바쁜 직장인 투자자를 위한 원페이지 정리

진짜 내 것이 되는 실력을 키워라

유튜버, 오픈 채팅방, 유료 리딩방 등 종목을 골라주는 전문가 혹은 자칭 고수들에게 언제까지 의존할 것인가. 평생 투자수익을 내고 싶다면 직접 종목을 선택하고 분석할 줄 알아야 한다. 다른 사람의 조언은 참고만 하라.

떡상 테마주, 인연이 아니면 쿨하게 보내라

워런 버핏은 각자 '능력의 범위' 안에서 투자하라고 강조한다. 잘 모르는 분야의 급등주는 놓쳐도 아쉬워하지 마라. 내 능력의 범위를 벗어난 종목이 놀라운 상승세를 보여줬다면, 반대로 놀라운 하락세를 보여줄 수도 있다.

주식 앱에 매달려 있지 마라

주가 등락은 한 달, 1분기 혹은 1년을 기준으로 확인하자. 2001년부터 2020년까지 매월 말일에만 주가를 확인했다면 지수가 올랐을 확률은 58%, 1년에 한 번 했다면 74%, 3년에 한 번씩 했다면 82%다. 주식투자는 장기적인 관점으로 하면서 폭락장은 좋은 기업의 주식을 싼값에 살 수 있는 기회로 삼아야 한다.

무조건 버티지 마라

주식시장은 장기적으로는 우상향하지만 개별 기업의 상황은 다르다. 무조건 버티지 말고 보유한 기업의 분기보고서와 사업보고서를 트래킹하면서 순이익이 줄어들거나 적자가 발생한다면 매도를 고려해야 한다. 시장에 존버하되 기업에 존버하지 마라.

관점의 차이가 결과의 차이를 만든다

700만 명의 주식투자자가 있으면 700만 가지의 각기 다른 투자 방법이 존재합니다. 많은 투자자가 자신만의 투자 여정을 걸어가고 있습니다. 그런데 주식투자는 정말 외로운 길입니다. 그 누구도 나를 대신해서 매수와 매도 버튼을 눌러주지 않습니다. 어디서 어떤 정보를 들었든 간에, 어떤 추천을 받고 혹은 어떤 공부를 통해 결론을 내렸든 간에 매수와 매도 버튼을 누르는 건 결국 나의 손가락입니다. 그리고 그 책임은 온전히 내가 짊어져야 합니다.

매수 버튼을 누르는 순간 나만의 외로운 투자 여정이 시작됩니다. 친절하게 매수 종목을 추천하던 이른바 전문가들과 암암리에 매수에 영향을 미치던 수많은 조력자들은 내가 매수 버튼을 누르는 순간 어디론가 사라집니다. 칠흑같이 어두운 밤에 홀로 남겨진 것만 같은 기분이 들지요. 이때부터는 온전히 자기 자신만 믿고 나아가야 합니다.

지금 주식투자가 어렵다면 정말로 다행이다

일단 투자를 시작했다면 목표 지점까지 의심의 여지 없이 묵묵히 나아가야 합니다. 그런데 이 믿음이 스스로 하나하나 쌓아 올린 게 아니라면 목적지에 도달할 때까지 지속하기란 쉽지 않습니다. 지금 내가 가는 길이 맞는지에 대한 확신이 서서히 줄어들고 어디선가 세이렌이 유혹하는 목소리도 들려오죠. 다른 투자자들이 나보다 앞서가는 것을 보면 이리로 가볼까 저리로 가볼까 마음이 요동칩니다. 그러다 결국 이러지도 저러지도 못한 채 제자리만 맴맴 돌기도 하고요.

내 옆에 같이 달리고 있는 투자자들은 그저 길동무 정도로만 생각해야 합니다. 내가 그들의 등에 업히거나 그들이 나를 업어줄 거라는 기대는 착각입니다. 스스로 학습하고 경험한 것을 토대로 구축한 나만의 기준으로 목적지와 방법을 정해야 먼 길을 오랫동안 올바르게 갈 수 있습니다. 극한의 외로움 속에서 매수 매도 버튼을 눌러야 할 때 결단의 힘을 얻기 위해서는 많이 읽고 많이 경험하며 반복 학습해야 합니다. 이 과정을 통해 믿음이 쌓이고 확신을 갖게 되면 결국 원하는 목적지에 도달할 수 있을 겁니다. 주식투자는 나 혼자 온전히 짊어져야 하는 책임도 있지만, 거기서 맺는 결실의 열매 또한 온전히 나만의 것이라는 매력이 있습니다.

2020년을 되돌아보면 연초부터 미국과 이란 간의 갈등 때문에 아슬아슬한 상황에서 주식시장이 시작했습니다. 그리고 뒤이어 중국에서 시작된 팬데믹 사태까지, 어느 누구도 예상할 수 없었던 일들이 연이어 펼쳐졌지요. 그 와중에 누군가는 돈을 버는 기회를 얻었지만 누군가는 돈을 잃어 파산하기도 했습니다.

주식투자는 결코 만만한 게 아닙니다. 그런데 저는 이렇게 어렵기 때문에 오히려 다행이라는 생각을 합니다. 왜냐하면 그만큼 진입장벽이 있어서 아무나 못한다는 의미이고, 그렇기에 값지다고 할 수 있으니까요. 만약 누구나 쉽게 주식시장에 참여해서 돈을 벌 수 있다면 과연 내가 하는 행위가 가치 있다고 할 수 있을까요? 상대적으로 희소하기 때문에 그 가치가 높은 것입니다.

관점의 차이가 결국 결과의 차이

저는 2016년부터 본격적으로 주식투자를 시작했습니다. 투자 초기에는 투자금액이 몇천만 원 수준으로 크지 않았기 때문에 누적 수익도 수십만 원에서 수백만 원으로 미미했습니다. 그러다가 투자에 확신이 생긴 2017년부터 예금해놓았던 돈을 주식투자에 사용하기 시작하면서 수익금도 그에 비례해서 늘어났습니다.

2017년에는 초심자의 행운이 깃들었는지 한 해에만 코스피지수가 2,500 가까이 상승한 덕분에 저의 수익도 덩달아 커졌었습니다. 그러나 2018년 시장이 하락세를 보였고, 같은 해 10월에는 급기야 모든 수익금을 까먹는 최악의 상황에 이르렀습니다. 지난 3년간 조금씩 증가해온 수익이 한순간에 마이너스로 변해 날아가버리니 정말 허무했습니다. 주식투자를 계속하는 게 맞는 건가라는 고민도 했지요.

그런데 당시 실망감에 허덕이다 보유 중이던 주식을 모두 팔아버리고 나왔다면 지금의 저는 없었을 것입니다. 다행히도 저는 주가가 떨어지더라도 이익을 잘 만들어내는 기업의 지분을 꼬옥 붙들고 있었습니다. 결국 5개월 만에 손실이 전부 복구되었고 그 뒤로는 전보다 더 높은 수익을 얻을 수 있었습니다.

이런 경험을 갖고 있었기 때문에 2020년 코로나19로 인한 폭락장에서도 물러서지 않을 수 있었습니다. 주식이 폭락하던 2월과 3월에 마이너스통장까지 끌어와 가격이 낮아진 우량주를 대거 사 모았습니다. 그리고 생각보다 빨리 4월 한 달 만에 모든 손실이 복구되었고 큰 수익금을 쌓을 수 있었습니다. 이렇게 지난날을 뒤돌아보면, 누군가 나를 시험에 들게 하는 건 아닌가 싶기도 합니다. 힘들고 어려웠던 순간에 믿음을 갖고 인내한 끝에 결국 더 큰 수익을 거두었으니 말이죠. 마치 한 편의 성장 드라마처럼요.

저뿐만 아니라 많은 투자자가 이런 경험을 했을 것입니다. 돈 버는 투자자들은 이 깊게 파인 인내의 구간을 잘 견뎠고 결국에는 더 큰 보상을 얻었습니다. 그러니 주식투자를 하면서 힘든 시련이 이어지더라도, 내가 학습한 것과 믿는 것이 옳다고 생각한다면 꾹 참고 나아가시길 바랍니다. 그리고 그런 힘든 순간들이 존재하기에 버티는 내가 값진 보상을 받을 수 있다는 것을 믿어야 합니다. 다시 한 번 강조하지만 지금 주식투자가 힘들다면 정말 다행입니다.

뛰어난 알고리즘을 가진 인공지능도 처음엔 텅 빈 바보 상태입니다. 데이터가 쌓이고 정답 여부를 피드백하면서 올바른 답을 내놓을 확률이 점점 높아집니다. 퇴근 후 주식투자 공부를 하면서 끊임없이 이어진 시도, 실패, 개선, 재시도의 과정이 저를 경제적 자유에 다가가게끔 만들어주었습니다. 물론 지금도 계속해서 학습하고 조금씩 개선해나가고 있습니다.

이제 저의 투자 여정에 대한 이야기를 마무리할까 합니다. 지금까지의 이야기를 짧게 요약하면 '자본 대비 높은 이익을 꾸준히 만들어내는 좋은 자산을 가능한 비싸지 않은 가격에 확보하여 오랜 기간 보유하고 관리한다'가 되겠습니다. 누군가는 주식투자 뒤에 실제로 존재하는 기업이 보이기 시작할 것이고, 누군가는 여전히 주식은 그저 세력과 수급에 좌지우지되는 요행으로 바라볼 것입니다. 관점의 차이가 결과의 차이를 만듭니다. 부디 득이 되는 관점을 갖고 바라보는 분들이 많아지길 바랍니다. 저는 앞으로도 경제적 자유의 여정에서 저의 경험과 생각을 공유해나갈 것입니다. 여기까지 저와 함께해주신 독자 여러분도 오늘보다 내일 더 부자가 되는 길을 걸으시길 진심으로 바라겠습니다.

부록 1 한국과 미국의 돈 잘 버는 기업 20선

이 책에서는 직장인 투자자가 안정적으로 투자할 수 있는 방법으로, 지속적으로 돈을 잘 버는 기업을 여러 개 골라 장기간 보유하면서 기업이 벌어들이는 이익의 과실을 공유하는 투자법을 제시했습니다. 지속적으로 돈을 잘 버는 기업은 장기간 높은 ROE를 유지하는 것으로 정량화시킬 수 있습니다.

워런 버핏은 "적당한 기업을 싼 가격에 사는 것보다 탁월한 기업을 적당한 가격에 사는 것이 더 좋은 성과를 가져다줄 것"이라고 했습니다. 물론 기업과 산업 환경은 시시각각 변하기 때문에 강력한 해자를 갖고 있지 않는 한 지금 탁월한 기업이 앞으로도 그럴 것이라고 확신할 순 없습니다. 그런 이유로 투자자는 꾸준히 기업의 실적을 트래킹하면서 계속 나의 자본을 투자할 것인지를 판단해야 합니다. 마치 정원을 가꾸는 것처럼 말이죠.

부록에서 제시하는 기업들은 현 시점을 기준으로 장기간 돈을 잘 벌고 있는 탁월한 기업입니다. 이 중에서 향후 가치가 수십 배 이상 오를 기업도 있고, 도태되는 기업도 있을 겁니다. 먼 미래에 과거를 뒤돌아보면 우리가 한 선택 중 정답도 있을 테고 오답도 있을 테죠. 하지만 주식투자에서 100% 정답을 맞힐 필요는 없습니다. 그러기도 쉽지 않은 일이고요. 너무 비싸지 않은 가격에 잘 분산하여 투자한다면 제대로 성장하는 정답 기업들이 그렇지 못한 오답 기업들이 손실을 만회하고도 남을 만큼의 보상을 가져다줄 것입니다.

한국

종목명	업종	2011	2012	2013	2014	2015
리노공업	반도체 및 관련 장비	18.5	20.5	18.8	19.8	18.3
동국제약	제약	15.4	15.1	10.4	12.0	13.7
NICE평가정보	상업서비스	16.7	11.6	14.4	15.2	16.6
LG생활건강	개인생활용품	26.5	25.3	25.4	21.3	22.6
나이스디앤비	상업서비스	13.5	14.7	13.2	14.3	15.2
엔씨소프트	게임소프트웨어	14.1	15.6	13.9	16.9	9.4
코웨이	내구소비재	22.6	12.0	26.1	24.0	27.7
한솔케미칼	화학	12.3	19.9	10.2	10.1	14.1
이엔에프테크놀로지	반도체 및 관련 장비	16.4	16.0	8.8	9.3	21.6
동원개발	건설	8.5	14.2	12.1	18.0	21.8
효성ITX	상업서비스	26.8	15.9	26.3	22.4	14.7
미원홀딩스	화학	17.8	23.5	20.5	15.2	15.9
더존비즈온	일반 소프트웨어	7.6	20.6	14.9	9.2	16.2
현대글로비스	육상운수	24.1	25.9	20.6	19.4	12.2
선진	식료품	18.2	26.0	20.2	14.1	10.2
키움증권	증권	15.8	6.2	4.3	8.2	17.2
NHN한국사이버결제	인터넷서비스	31.4	15.9	19.6	10.5	10.6
티씨케이	반도체 및 관련 장비	16.6	8.8	2.5	5.8	14.0
고려신용정보	상업서비스	18.4	7.3	2.9	9.8	26.4
SK머티리얼즈	석유 및 가스	20.1	8.4	0.1	4.2	17.6

2016	2017	2018	2019	2020	ROE 중간값	ROE 표준편차	ROE 샤프지수
17.6	17.7	18.5	17.6	16.4	18.4	1.1	16.9
17.1	15.0	15.0	15.5	13.6	15.0	1.8	8.1
18.2	17.9	19.3	18.2	18.2	17.3	2.2	7.8
22.4	20.2	19.4	18.8	16.8	21.9	3.0	7.3
16.7	16.6	20.6	19.4	17.2	15.9	2.3	6.9
14.4	16.2	17.7	14.3	18.7	15.0	2.5	6.1
20.6	33.2	32.2	30.9	27.2	26.6	6.0	4.4
19.8	16.9	18.6	19.3	22.2	17.7	4.1	4.3
15.3	14.8	13.0	17.3	14.9	15.1	3.5	4.3
19.4	16.9	17.3	11.0	16.0	16.5	3.9	4.3
13.8	15.3	15.8	20.9	25.8	18.4	5.0	3.7
15.9	10.4	7.3	10.5	10.8	15.5	4.8	3.2
18.5	21.6	23.5	14.1	14.4	15.6	4.9	3.2
14.5	17.1	10.3	10.8	12.0	15.8	5.3	3.0
16.9	16.5	5.7	6.7	22.6	16.7	6.3	2.7
14.5	15.8	9.5	16.2	24.6	15.1	5.8	2.6
10.7	10.3	14.7	19.3	19.5	15.3	6.3	2.4
20.0	25.6	25.5	21.2	22.4	18.3	7.8	2.3
22.3	20.7	24.4	29.4	35.3	21.5	9.7	2.2
25.8	26.4	30.0	27.2	29.6	23.0	10.4	2.2

미국

종목명	티커	섹터	2011	2012	2013
Rollins Inc.	ROL	산업재	32.4	32.8	31.1
Fastenal Company	FAST	산업재	26.1	27.9	26.9
Paychex Inc.	PAYX	IT	35.6	35.4	33.7
MarketAxess Holdings Inc.	MKTX	금융	17.4	21.6	27.5
Tractor Supply Company	TSCO	임의소비재	22.9	27.2	28.9
3M Company	MMM	산업재	27.6	26.9	26.6
Copart Inc.	CPRT	산업재	20.3	32.6	27.2
Robert Half International Inc.	RHI	산업재	18.1	25.4	28.6
Hershey Company	HSY	필수소비재	71.8	70.1	62.1
Accenture Plc Class A	ACN	IT	67.8	63.6	72.1
Brown–Forman Corporation Class B	BF.B	필수소비재	24.9	32.0	36.0
NIKE Inc. Class B	NKE	임의소비재	21.8	22.0	23.1
Broadridge Financial Solutions Inc.	BR	IT	21.1	15.0	25.5
Apple Inc.	AAPL	IT	41.7	42.8	30.6
Northrop Grumman Corporation	NOC	산업재	17.7	19.9	19.4
Monster Beverage Corporation	MNST	필수소비재	31.7	41.9	41.4
Microsoft Corporation	MSFT	IT	44.8	27.5	30.1
NVR Inc.	NVR	임의소비재	8.3	12.7	19.4
Automatic Data Processing Inc.	ADP	IT	21.8	22.9	22.9
Pool Corporation	POOL	임의소비재	25.5	29.2	34.3

2014	2015	2016	2017	2018	2019	2020	ROE 중간값	ROE 표준편차	ROE 샤프지수
30.6	30.8	30.6	29.3	33.9	26.6	29.7	30.7	1.9	15.9
26.8	27.8	26.8	28.7	34.2	31.8	31.8	27.8	2.6	10.7
35.4	37.9	40.9	42.3	46.9	44.6	40.7	39.3	4.2	9.3
23.2	26.5	29.4	30.1	30.8	29.7	34.7	28.4	4.8	5.9
29.2	30.6	30.7	29.4	35.7	36.0	42.9	30.0	5.3	5.7
32.4	39.0	45.9	44.4	50.1	46.0	47.0	41.7	8.9	4.7
20.2	22.3	31.1	42.1	31.2	35.2	32.8	31.1	6.7	4.7
32.2	36.1	32.9	26.5	40.1	41.2	26.1	30.4	6.8	4.5
55.4	41.8	80.7	92.1	101.8	73.3	64.4	71.0	16.5	4.3
55.0	51.5	60.1	41.8	42.0	38.6	32.5	53.2	12.7	4.2
34.8	61.6	45.6	53.4	56.4	45.7	39.0	42.3	11.1	3.8
24.5	27.8	30.1	34.4	17.4	42.7	29.7	26.2	7.0	3.8
29.6	30.4	31.2	31.9	40.8	43.4	37.4	30.8	8.2	3.7
33.6	46.3	36.9	36.9	49.4	55.9	73.7	42.3	12.0	3.5
23.2	31.2	40.8	32.8	42.4	26.4	32.9	28.8	8.3	3.5
38.5	17.3	17.5	22.7	26.5	28.5	30.2	29.3	8.5	3.4
26.2	14.4	22.1	29.4	21.4	42.4	40.1	28.4	9.4	3.0
23.6	32.4	33.4	36.9	46.7	42.3	33.1	32.8	11.9	2.8
23.6	25.3	32.1	41.0	43.6	51.8	44.2	28.7	10.6	2.7
41.7	51.3	64.6	89.5	105.0	82.6	69.7	50.0	25.9	2.2

부록 2 추천 도서 목록

지식을 습득하는 데는 여러 가지 방법이 있습니다. 그중에서도 가장 효율적이고 효과적인 방법은 책을 통한 학습이라고 확신합니다. 게다가 가장 값싼 방법이기도 하고요. 책 한 권을 쓰기 위해 저자는 독자에게 어떤 이야기를 들려주면 좋을지 생각을 정리하고, 핵심 내용을 제대로 전달하기 위해 오랫동안 고민하고 또 고민합니다. 저자뿐만이 아니에요. 책과 관련된 수많은 사람들이 함께 고민하며 교정 및 편집 과정에 참여하고, 거듭 정제한 콘텐츠가 결과물로 나옵니다. 따라서 책은 다른 매체에 비해 같은 분량 대비 가장 지식이 잘 농축되어 정리된 콘텐츠라고 할 수 있습니다.

다음 도서 목록은 주식투자를 공부하면서 접했던 책들 중 저의 투자 철학을 정립하는 데 도움이 되었던 책들을 정리한 것입니다. 이 외에도 훌륭한 책이 많지만 제가 아직 읽지 못한 책은 포함하지 않은 점을 양해해주셨으면 합니다. 추천 도서는 초보투자자가 주식의 개념을 이해하고 대가들의 투자 정수를 접한 다음 한국 대표 투자자들의 투자 철학을 현실감 있게 접하는 순서로 나열했습니다. 과거의 기억에 의존해 정리한 리스트인지라 순서가 정확하지 않을 수도 있습니다. 하지만 한 권 한 권 모두 훌륭한 책이라는 것만은 자신합니다. 이 책들을 통해 제가 그러했듯 독자 여러분도 거인의 어깨 너머를 엿보고 그 위에 올라설 수 있기를 바랍니다.

• 《주식시장을 이기는 작은 책》(15주년 특별판), 조엘 그린블라트 지음, 안진환 옮김, 이상건 감수, 알키, 2021.
• 《현명한 초보 투자자》, 야마구치 요헤이 지음, 유주현 옮김, 이콘, 2016.
• 《전설로 떠나는 월街의 영웅》, 피터 린치·존 로스차일드 지음, 이건 옮김, 국일증권경제연구소, 2017.
• 《소음과 투자》, 리처드 번스타인 지음, 한지영·이상민 옮김, 이건 감수, 북돋움, 2016.
• 《모든 주식을 소유하라》, 존 보글 지음, 이은주 옮김, 비즈니스맵, 2019.
• 《주식에 장기투자하라》, 제러미 시겔 지음, 이건 옮김, 신진오 감수, 이레미디어, 2015.
• 《100배 주식》, 크리스토퍼 메이어 지음, 송선재(와이민) 옮김, 워터베어프레스, 2019.
• 《투자를 어떻게 할 것인가》, 모니시 파브라이 지음, 김인정 옮김, 이레미디어, 2018.
• 《데이비드 드레먼의 역발상 투자》, 데이비드 드레먼 지음, 신가을 옮김, 이레미디어, 2017.
• 《통섭과 투자》, 마이클 모부신 지음, 이건·오인석 옮김, 신진오 감수, 에프엔미디어, 2018.
• 《마이클 모부신 운과 실력의 성공 방정식》, 마이클 모부신 지음, 이건·박성진·정채진 옮김, 신진오 감수, 에프엔미디어, 2019.
• 《행운에 속지 마라》, 나심 니콜라스 탈레브 지음, 이건 옮김, 신진오 감수, 중앙북스, 2016.
• 《초과수익 바이블》, 프레더릭 반하버비크 지음, 이건·서태준 옮김, 신진오 감수, 에프엔미디어, 2017.
• 《안전마진》(Margin of Safety), 세스 A. 클라만 지음, 하퍼콜린스, 1991.
• 《위대한 기업에 투자하라》, 필립 피셔 지음, 박정태 옮김, 굿모닝북스, 2005.
• 《보수적인 투자자는 마음이 편하다》, 필립 피셔 지음, 박정태 옮김, 굿모닝북스, 2005.
• 《워런 버핏 바이블》, 워런 버핏·리처드 코너스 지음, 이건 옮김, 신진오 감수, 에프엔미디어, 2017.
• 《워런 버핏 라이브》, 대니얼 피컷·코리 렌 편저, 이건 편역, 신진오 감수, 에프엔미디어, 2019.
• 《현명한 투자자》, 벤저민 그레이엄 지음, 이건 옮김, 신진오 감수, 국일증권경제연구소, 2020.

- 《돈, 뜨겁게 사랑하고 차갑게 다루어라》, 앙드레 코스톨라니 지음, 김재경 옮김, 미래의창, 2015.
- 《투자는 심리게임이다》, 앙드레 코스톨라니 지음, 정진상 옮김, 미래의창, 2015.
- 《실전 투자강의》, 앙드레 코스톨라니 지음, 최병연 옮김, 미래의창, 2015.
- 《부자 아빠 가난한 아빠》(20주년 특별 기념판), 로버트 기요사키 지음, 안진환 옮김, 민음인, 2018.
- 《현금의 재발견》, 윌리엄 손다이크 지음, 이혜경 옮김, 마인드빌딩, 2019.
- 《절대로! 배당은 거짓말하지 않는다》, 켈리 라이트 지음, 홍춘욱·한지영 옮김, 리딩리더, 2013.
- 《똑똑한 배당주 투자》, 피트 황 지음, 스마트북스, 2016.
- 《잠든 사이 월급 버는 미국 배당주 투자》, 소수몽키(홍승초)·베가스풍류객(임성준)·윤재홍 지음, 베가북스, 2019.
- 《미국주식 처음공부》, 수미숨(상의민)·애나정 지음, 이레미디어, 2021.
- 《재무제표 모르면 주식투자 절대로 하지마라》(개정증보판), 사경인 지음, 베가북스, 2020.
- 《기업공시 완전정복》, 김수헌 지음, 어바웃어북, 2015.
- 《이채원의 가치투자》, 이채원·이상건 지음, 이콘, 2007.
- 《한국형 가치투자 전략》, 최준철·김민국 지음, 이콘, 2004.
- 《메트릭 스튜디오》, 문병로 지음, 김영사, 2014.
- 《눈덩이주식 투자법》, 서준식 지음, 부크온, 2012.
- 《이웃집 워런 버핏, 숙향의 투자 일기》, 숙향 지음, 부크온, 2016.
- 《돈, 일하게 하라》, 주식농부 박영옥 지음, 프레너미, 2015.
- 《강방천의 관점》, 강방천 지음, 한국경제신문, 2021.
- 《돈의 속성》, 김승호 지음, 스노우폭스북스, 2020.
- 《진짜 부자 가짜 부자》, 사경인 지음, 더클래스, 2020.
- 《부의 확장》, 천영록·제갈현열 지음, 다산북스, 2020.